Christine Dölle

Quatsch mit Soße

Sächsisch kochen ohne Mätzchen

FORUM VERLAG LEIPZIG

Christine Dölle:
Quatsch mit Soße: Sächsisch kochen ohne Mätzchen
Leipzig: FORUM VERLAG LEIPZIG
2. Auflage 2004
ISBN 3-931801-19-5

Mitarbeit: Karin Schmäske, Leipzig
Bildnachweis: Jutta Fritzsche-Martin, Leipzig (S. 110)
Satz und Gestaltung: PER Medien+Marketing GmbH, Braunschweig
Repro: Günther Fotodesign, Leipzig
Druck und Binden: Druckerei Steinmeier, Nördlingen

www.forumverlagleipzig.de

Dölles Jahreszeiten

Frühling

Sommer

Herbst

Winter

Erklärungsversuch

lieber Leser!

Herzlichen Glückwunsch zu Ihrer Entscheidung, dieses Buch zu kaufen, denn das ist das letzte Kochbuch, das nach der Einführung von ALG II gedruckt worden ist. Als Ergänzung gibt der Verlag demnächst ein erweitertes Fremdwörterbuch heraus, in dem inzwischen unbekannt gewordene Begriffe wie

Rindsroulade
Rumpsteak
Gänsebraten
Kotelett
Schnitzel

ausführlich erklärt werden, veranschaulicht mit farbigen Archivfotos aus den fetten 90er Jahren. So haben die ALG II-Empfänger eine genaue Vorstellung von der ehemals verschwenderischen Fülle auf deutschen Tischen.
„Weniger ist mehr“ heißt jetzt die Devise oder auch: „Wenige essen mehr“. Während der Verlag mit dem Nachschlagewerk beschäftigt ist, schreibe ich an einem Märchenbuch. Titel:

SACHSEN KÖNNEN ALLES –

AUSSER HOCHDEUTSCH!

„Rapunzel, lass die Hosen runter". Es handelt von einem Mädchen, das nichts weiter hatte als ihr schönes, langes, blondes Haar, ein T-Shirt und ein paar uralte Jeans. Sie hatte erfolglos viele Bewerbungen geschrieben. Keiner wollte sie haben. Da saß sie nun im Turm, wedelte traurig mit dem Zopf und empfing monatlich ihre Stütze. Bis man ihr eines Tages auf die Schliche kam. Die Nieten an ihren Jeans waren aus purem Gold. „Runter damit!", sagte man zu ihr, „das ist verwertbares Vermögen!".
Und wenn sie nicht gestorben ist, sitzt sie noch heute im Turm und verkauft jeden Tag eine goldene Niete. Der Goldpreis auf dem Weltmarkt ist gesunken. Und so reicht der Erlös nur für die tägliche Dosis Beutelsuppe.
„Quatsch mit Soße" kommt aus dem Sächsischen. Man sagt es, wenn jemand großen Mist erzählt. Noch ein Beispiel:
Die schulpflichtige pubertierende Tochter streckt dem geliebten Papa die hohle Hand zwecks Anschubfinanzierung für die Disco entgegen: „Bidde, Babba, nur 20 Oiro ...". Papa zuckt bedauernd die Schultern. Die Tochter hebt zum Klagelied an: „Du weest ja gar nich, wie schwer ichs habe und was ich alles lernen muss, zum Beispiel die Brohdein-Syndeese von Einzellern, das Balzverhalden bei Schwerdfischen, Außenseideraggressionen bei medallbelasdeden Molegühlen, Neuruladdsion und Bildung von Organanlaachen, Bloidin-Mudaddsion, Fenylgeodomirie in Verbindung mid der bränadalen Diagnose beim Fruchdwasserschdand, nich zu vergessen das endoblasmadische Redugulum, UND DAS IST NUR BIO!"
Dann sagte der genervte Papa: „Das ist alles Quatsch mit Soße, denn das Wichtigste bringse Euch in der Schule nicht bei, nämlich, wie man richtig kocht!"
Und so ist das vorliegende Kochbuch zu verstehen. Vor jedem Rezept wird ein bisschen Quatsch gemacht und danach die Soße gerührt. Die Rezepte sind nach den vier Jahreszeiten geordnet, denn wer sticht schon im Herbst Spargel, sucht im Frühjahr Pilze, isst im Sommer Gänsebraten und schlürft bei klirrendem Frost kalte Gurkensuppe!

Gut Herd!

Christine Dölle

Frühling

Zehnkämpferin Roxana Sommerlatt war durch das Training für die Olympiade voll beschäftigt. Trotzdem versuchte sie, das leibliche Wohl ihrer Familie zu sichern, denn eine Zehnkämpferin ist zäh. Nach dem 100 m-Lauf dachte sie: „Heute koche ich Schaddoh-Briang!“. Nach dem Weitsprung war ihr nach Bujabääs. Nach dem Kugelstoßen gingen ihr Klöße mit Sauerbraten durch den Kopf. Der Hochsprung animierte zu Stabkartoffeln mit Frikassee. Zwischen 400 m-Lauf, 110 m Hürden, Diskuswerfen und Speerwerfen dachte sie überhaupt nicht ans Essen. Und nach dem 1500 m-Lauf war ihre Kraft im Eimer. Sie reichte nur noch für

Gebaggene Gardoffeln mid Dibb

für 4 Personen

600 g kleine Kartoffeln mit Schale
4 gehackte Knoblauchzehen
1 Bund gemischte Kräuter
(Rosmarin, Oregano, Liebstöckel), gehackt
100 g Frischkäse
3 EL Milch
2 EL Öl
Pfeffer
Salz
Kümmel

Kartoffeln waschen und mit etwas Salz bestreuen. Knoblauch mit 2 EL Öl und den Kräutern verrühren. Die Kartoffeln damit bestreichen, in eine Auflaufform legen und im vorgeheizten Backofen bei 180 °C etwa 30 Minuten backen.
Für den Dipp Frischkäse mit der Milch verrühren und mit Salz, Pfeffer und Kümmel abschmecken. Zu den Kartoffeln servieren.

Roland war eine männliche Maus, beschäftigt als Versuchsmaus in einem großen Pharmakonzern. Da er im Zuge der Versuche etliche Blessuren erlitten hatte und trotzdem immer noch seinen Mann stand, wurde er von den anderen Mäusen sehr geachtet. Er war der King im Käfig. Inzwischen konnte er sich die Versuchsreihen aussuchen. Am liebsten testete er Kosmetik. Auf sein wunderschön aufgespritztes Mäulchen und die Brustimplantate war er richtig stolz. Mit Spannung erwartete er einen Eingriff an seinem Schwanz. Er sollte auf eine modische Länge gekürzt werden. Da der Doktor nicht wusste, ob Roland das auch noch übersteht, wurde die Laborküche angewiesen, vorher Rolands Lieblingsgericht zu kochen:

Herz-Raggūh

für 4 Personen

600 g Rinderherz
200 g Möhren
200 g Knollensellerie
2 Zwiebeln
2 Knoblauchzehen
1/2 l Rotwein
4 EL Öl
2 EL Tomatenmark
1 1/2 EL Paprika edelsüß
Salz
Pfeffer

Das Herz von den Sehnen befreien und in 2 cm große Würfel schneiden. Möhren und Sellerie in dünne Stifte schneiden, Zwiebeln und Knoblauch würfeln. Im Schmortopf 2 EL Öl erhitzen. Die Herzwürfel darin scharf anbraten, salzen und pfeffern, herausnehmen. Das restliche Öl darin erhitzen und Zwiebeln, Möhren, Sellerie und Knoblauch anbraten. Paprika einrühren und mit der Hälfte des Rotweins ablöschen. Die Herzwürfel untermischen und zugedeckt etwa 1 1/2 Stunden köcheln lassen. Nach und nach den restlichen Rotwein dazu. Tomatenmark einrühren und nochmals abschmecken.

Ling-Lang, eine chinesische Reisbäuerin, bereitete den Abendreis und wartete auf Hau-Rin, ihren Mann. Der saß im Teehaus und dachte gar nicht daran, zu kommen. Da schickte Ling-Lang eine SMS: „Reis fertig, sofort kommen!" Pustekuchen, er mehrte sich aus. Ling-Lang schmiss den Reis vor Wut noch einmal in die Pfanne. Die nächste SMS war eindeutig: „Du kannst mich mal, das sage ich alles dem Parteisekretär!" Das saß! Im Nu stand Hau-Rin in der Küche. Und gemeinsam haben sie den Reis noch einmal aufgebraten.

Dreimal gebradener Reis

für 2 Personen

1 Tasse Langkornreis
3 Zwiebeln
200 g ungarische Salami
1/4 TL Ingwer
1/4 TL Kardamom
3 Tassen Brühe
Öl

Öl im Topf erhitzen. Eine klein geschnittene Zwiebel und den Reis darin braun rösten, mit drei Tassen Brühe aufgießen, Kardamom und Ingwer dazu, kein Salz! Den Reis in die auf 150 °C vorgeheizte Röhre schieben, solange braten, bis die Flüssigkeit verdampft ist, herausnehmen. Die Salami und zwei Zwiebeln klein würfeln, im Tiegel mit etwas Öl scharf ausbraten. Den Reis dazugeben und nochmals unter ständigem Wenden anbraten. Dazu passt Kräuterquark oder Tsatsiki.

Bei einem Chinesen weiß man nie, hat er den Hund nun lieb, oder hat er Hunger!
DÖLLE

Cornelius Schluck, ein Weinkenner erster Güte, hatte Hunger. „Was können Sie mir zu diesem herrlichen, mit einer leichten Kartoffelnote versehenen Riesling empfehlen, Herr Ober?“ „Natürlich Bratkartoffeln!“ Die Bratkartoffeln kamen, Cornelius kostete, verdrehte die Augen, wirbelte die Zunge von einer Backe zur anderen und schwärmte: „Ich schätze, die Kartoffeln kommen von einem Feld an der B6, kurz vor Schmannewitz, rechter Hand hinter dem Wasserturm, leicht lehmiger Boden, aber im Barrique-Feld angebaut. Der Geschmack erinnert angenehm an Kartoffelkäfer, doch in der Nase zeigt sich eine zarte Regenwurmnote, die von Keimstopp umspült wird, eine Kartoffel der Spitzenklasse, im Abgang etwas ölig!“.

Oliven-Gardoffeln

für 4 Personen

2 kg kleine Kartoffeln
4 große Knoblauchzehen
200 g schwarze und grüne Oliven mit Stein
100 ml Weißwein
6 EL Olivenöl
1 großer Rosmarinzweig
Salz
Pfeffer

Die Kartoffeln schälen, Knoblauch hacken und Rosmarin abzupfen. Die Kartoffeln in eine flache ofenfeste Form geben, salzen und pfeffern. Knoblauch und Rosmarin darüber streuen und mit Olivenöl beträufeln. Im vorgeheizten Backofen bei 200 °C 30–40 Minuten backen. Herausnehmen, die Oliven vom Stein schneiden, unter die Kartoffeln mischen, mit Weißwein ablöschen und auf der Herdplatte noch einmal aufkochen lassen. Dazu passt roher Schinken.

Walter Ulbricht war eigentlich adlig. Das wissen die Wenigsten. Ein Stammbaumforscher entdeckte nach intensivem Kramen in Archiven eine lückenlose Ahnenfolge bis tief hinein ins Mittelalter. Er fand heraus, dass Walter Ulbricht in direkter Linie mit Walter von der Vogelweide verwandt war und eigentlich Walter von Ulbricht-Vogelweide hieß. „Als Arbeiter- und Bauernführer kannste dir solchen Schnickschnack nicht erlauben“, meinten die Genossen in Moskau und strichen das adlige Beiwerk. Walter aß seitdem immer mal heimlich eine Prinzenrolle. Nach einer Feier mit verdienten Genossinnen gestand Walter einer niedlichen Blonden seine adlige Herkunft: „Du gannsd aber ruhich Walder zu mir saachen, denn mein Lieblingsgerichd is un bleibd

Gardoffelmus

1 kg Kartoffeln, mehlig kochend
6 Knoblauchzehen
150 g Räucherspeck
50 g Rucola-Salat
50 g Parmesan
150 ml Olivenöl
Salz
Pfeffer

Kartoffeln schälen und in Salzwasser weich kochen, abgießen und im Topf grob zerstampfen. Speck und Knoblauch würfeln und im Öl goldbraun ausbraten. Das Gemisch mit dem Öl unter die Kartoffeln mischen. Pfeffern und salzen. Mit Rucola und Parmesan garniert servieren.

Der Lehrer fragte die Schüler im Deutsch-Unterricht: „Was sind die häufigsten Familiennamen in Deutschland?". Wie aus der Pistole geschossen kamen die Antworten: „Müller, Meier, Schulze!". „Da fehlt doch noch einer, überlegt mal, was isst der Babba am liebsten mid Fedd auf der Bemme?". Der kleine Fritz meldete sich: „Deudschen Gääse oder auch Leichenfinger". „Und wie heißt der Mann, der den besten deutschen Käse macht?", „Gääse-Lehmann aus Leibzsch!". „Richtig, aber bei Lehmanns gibt es noch viele andere sächsische Käsespezialitäten".

Sächsische Gääsebladde

für 8 Personen

100 g Der Pikante (Sauermilchkäse mit Kräutern)
200 g Der Blaue, angereift
ca. 50 g Gänsefett
125 g Zimmermanns Altenburger Ziegenkäse
100 g reiner Ziegen-Frischkäse aus Falkenhain
125 g reiner Ziegen-Camembert aus Falkenhain
125 g Hagebutten-Marmelade
200 g Lehmann's Gardekäse
(Schnittkäse aus der Napoleonischen Zeit)
200 g Leipziger Käsesalat
1 Glas Spreewald-Gewürzgurken
ca. 1/2 Stück Butter

Den Käse auf eine Holzplatte legen. Gänsefett im Tontöpfchen zum Sauermilchkäse stellen. Spreewaldgurken dekorativ zum Lehmann-Käse legen. Hagebutten-Marmelade zum Ziegenkäse stellen. Alle Käse werden halb aufgeschnitten und mit Radieschen, Rettich, Dill und Apfelstücken dekoriert. Dazu wird frisches Vollkorn- und Weißbrot gereicht.

Mein Mann will keine VIAGRA nehmen!
Ich fülle sie immer mit Hackepeter!
DÖLLE

Als der liebe Herrgott gesunde Zähne verteilte, hat Bebbge gepennt. Nun hat er den Dreck! Sein Leben besteht aus gezogenen Nerven, vereiterten Augenzähnen und zerquetschten Weisheitszähnen. Jahr um Jahr, Zahn um Zahn werden die Beißerchen in Bebbges Tropfsteinhöhle weniger. Diverse Stiftzähne, Brücken und Teilprothesen hocken im Kiefer und drücken. Irmgard, die Wirtin seiner Stammkneipe, weiß um sein Leid. Für Suppe kann er die untere Prothese rausmachen, für Schnitzel musse wieder rein. Für Bier kann alles raus. „Was hasde denn heute zu essen?", fragt Bebbge die verständnisvolle Irmgard. „Gommd drauf an, wassde für Zähne drinne hast!". Deswegen empfiehlt sie

Ein Gessel Buntes

1 Beutel Kochreis
1 rote, grüne und gelbe Paprikaschote
1 Bund Frühlingszwiebeln
1 kleine Zucchini
1 Handvoll frische Kräuter (Thymian, Bohnenkraut, Liebstöckel)
1 Becher Kräuterquark
1 EL Maggi
1 EL Sojasoße
1 TL Rosenpaprika
1 TL Tomatenmark
Olivenöl
Salz

Den Reis nach Vorschrift kochen und abtropfen lassen. Paprika grob zerschneiden. Die Frühlingszwiebeln mit dem grünen Lauch in Ringe schneiden, die Zucchini in Scheiben schneiden. Öl und Maggi in der Pfanne erhitzen. Paprika, Zwiebeln und Zucchini unter ständigem Wenden darin kurz anbraten. Das Gemüse darf nicht weich werden. Kräuter, Rosenpaprika und Tomatenmark dazugeben, wenig salzen. Den Reis unterrühren, nochmals aufbraten und mit Kräuterquark servieren.

In der Gartenkantine war Frühlingstanz angesagt. Eberhard, der Wirt, machte aus finanztechnischen Gründen höchstselbst den Entertainer, und Irmchen, die Wirtin, kochte den Gästen etwas Schönes. Die Stimmung wogte. Auf dem Höhepunkt brachte Eberhard die Siedler zum Kochen: „Un jedds die Bollongnääse – wir gehen los, mit ganz großen Schridden, un Herberd fassd der Heidi von hinden an die Schulder!". Ja, das waren noch Hits, da jubelt die Siedlerseele. Und Irmchen, die kühl kalkulierende Geschäftsfrau, kochte dazu etwas Passendes, etwas mit Bollongnääse.

Borree á la Bollongnääse

für 4 Personen

2 große Stangen Porree
2 Zwiebeln
400 g Hackfleisch
1 Dose geschälte Tomaten (425 ml)
2 Kugeln Mozzarella
2 TL gekörnte Brühe
Salz
Pfeffer
Öl

Porree in etwa 12 cm lange Stücke schneiden, in kochendem Salzwasser acht Minuten garen und abtropfen lassen. Öl in einer Pfanne erhitzen, gewürfelte Zwiebeln und Hackfleisch darin unter Wenden anbraten. Mit Pfeffer, Salz und gekörnter Brühe würzen. Tomaten in der Dose grob zerkleinern und Hackfleisch damit ablöschen. Dose mit 1/8 l Wasser füllen und zum Hackfleisch gießen. Fünf Minuten bei starker Hitze einkochen lassen. Mozzarella in Scheiben schneiden. Porree und Hacksoße in eine Auflaufform füllen und mit Mozzarella belegen. Im vorgeheizten Backofen bei 220 °C circa zehn Minuten goldbraun überbacken.

Es war einmal ein sparsamer Carabinieri in einer Kleinstadt der Toskana. Der war so sparsam, dass er die Kugeln für seinen Karabiner selbst goss, bloß, um die Gemeindekasse nicht zu belasten. Seine Sparsamkeit ging so weit, dass er das Blei sogar mit Mehl verlängerte. Für diese epochale Erfindung zeichnete man ihn mit dem Titel „Verdienter Carabinieri des Volkes“ aus. Es kam der Tag des ersten Probeschusses. Im Gewehrlauf verband sich das Blei mit dem Mehl zu einer breiartigen Masse. Er schoss, und heraus kamen lauter weiß-graue Stäbchen. Man nannte sie

Schbageddi Garbonara

400 g Spaghetti
200 g durchwachsener Speck
2 Zwiebeln
2 Knoblauchzehen
2 Eier
100 g geriebener Parmesan
4 EL Olivenöl
Salz
Pfeffer

Spaghetti in kochendem Salzwasser zehn Minuten kochen und abgießen. Speck, Zwiebeln und Knoblauch würfeln und im heißen Öl andünsten. Spaghetti dazugeben und gut mischen. Eier und Käse mit einer Gabel verquirlen, über die Nudeln gießen, mischen und mit Pfeffer würzen.

PIZZA-FAXI IST DA!
CHRISTINE

Frau Bebbge vergisst in letzter Zeit alles. Wenn sie aufsteht, um Bier zu holen, hat sie es vergessen, sobald sie in der Küche ist. Sie geht dann zurück, sieht ihren Gatten halb verdurstet vor dem Fernseher hängen und rumms, fällt es ihr wieder ein. Herr Bebbge riet ihr deshalb, mal zum Arzt zu gehen. Sie setzte sich drei Stunden ins Wartezimmer, kam dran, klagte über ihre Wehwehchen und ging wieder nach Hause. „Na, was hat der Doktor zu deiner Vergesslichkeit gesagt?". Frau Bebbge schlug sich vor den Kopf: „Das hab ich ganz vergessen, zu sagen!".

Vergessene Eier

für 4 Personen

4 Eier
200 g geriebener Käse
5 EL trockener Weißwein
50 g Butter
Petersilie
Pfeffer
kein Salz

Die Butter in einer Auflaufform zergehen lassen. Den Käse und den Wein zufügen und unter ständigem Rühren erhitzen, bis der Käse geschmolzen ist. Pfeffer und Petersilie dazugeben. Die Eier in die sehr heiße Form aufschlagen. Sie müssen oben bleiben. Das Ganze noch etwa fünf Minuten in den Grill stellen. In der Form servieren. Dazu Weißbrot.

Im Vereinszimmer der Verbotenen Stadt tagten, wie jedes Jahr im April, die Repräsentanten der Städtepartnerschaftsorganisation „Kassel-Peking". Der Koch der Catering-Firma „Dicke Nudel", ein Halbchinese mit deutschen Vorfahren, wollte etwas Besonderes zwischen die Stäbchen der Tagungsteilnehmer zaubern. Da in seinen Adern deutsches und chinesisches Blut fliesst, war das Rezept schnell gefunden. Stolz präsentierte er den hungrigen Gästen

Chinagoohl-Nüdeln mid Gassler

für 4 Personen

400 g Chinakohl
300 g breite Nudeln
300 g ausgelöstes Kasseler
200 g saure Sahne
1 Stange Lauch
1 Zwiebel
1 TL Rosenpaprika
1/2 TL Kümmel
Öl
Salz
Pfeffer

Nudeln bissfest garen und abtropfen lassen. Kasseler 1 cm klein würfeln. Kohl und Lauch in feine Streifen oder Ringe schneiden, Zwiebeln würfeln. Im Topf 2 EL Öl erhitzen und Kohl darin drei Minuten unter Rühren kräftig anbraten. Lauch, Zwiebel und Kasseler hinzufügen und weitere fünf Minuten unter Rühren mitbraten. Mit Pfeffer, Kümmel, Paprika, wenig Salz würzen und herausnehmen. 2 EL Öl erhitzen und Nudeln unter Wenden knusprig braten. Kasseler-Gemüse untermischen und mit je einem Klecks saurer Sahne anrichten.

Ein Osterhase saß verzweifelt am Waldesrand. Er kam gerade vom Arzt. Diagnose: „Bandscheibenvorfall und Abnutzung der Gelenke vom vielen Eierschleppen, aber sinnse froh", tröstete ihn der Orthopäde, „dass Sie kein normaler Feldhase sind, die sind ganzjährig zum Abschuss freigegeben, da kennt der Oberförster kein Pardon. Osterhasen dagegen sind die VIPs unter dem Löffelwild, also lieber ausgeleierte Gelenke, als im Kochtopf landen. Frohe Ostern!"

Falscher Hase

für 4 Personen

500 g Hackfleisch
150 g gehackte Schweineleber
100 g durchwachsener Speck in Scheiben
2 Eier
1 Brötchen
2 Zwiebeln
2 Knoblauchzehen
1/4 l Fleischbrühe
1/8 l saure Sahne
1 TL Paprika, edelsüß
1 TL Senf
1 TL Speisestärke
Salz
Pfeffer

Das Brötchen einweichen und ausdrücken. Zwiebeln und Knoblauch würfeln. Das Hackfleisch mit dem ausgedrückten Brötchen, Zwiebeln, Knoblauch, Leber, Eiern, Salz, Pfeffer, Paprika und Senf verkneten. Einen länglichen Laib formen. Einen passenden Bräter mit der Hälfte Speck auslegen, den Hackbraten darauf geben und mit den restlichen Speckscheiben belegen. Bei 220 °C im Backofen gut 45 Minuten braten und nach und nach mit der Fleischbrühe begießen. Die Speisestärke mit der sauren Sahne verrühren und in den Bratenfond einrühren.

Ich kann essen, was ich will, und werde trotzdem immer fetter!
©DÖLLE

Bebbge ist liederlich. Vom Bett bis zur Wohnungstür hinterlässt er täglich eine Schleifspur aus Socken, Unterhemden und Kleinutensilien, die Frau Bebbge fluchend wieder aufhebt. Bebbge merkt das nicht. Er hat den Tunnelblick. Ordnung ist überflüssig, er kümmert sich ausschließlich um die Erhaltung des Weltfriedens und die hohe Arbeitslosigkeit. Probleme, die er sowieso nicht lösen kann. Aber er versucht es zumindest, indem er Stunden vor dem Fernseher sitzt, umgeben von alten Pullovern und drei Paar Pantoffeln, die er ewig sucht. Weg ist bei Bebbge immer alles. Er verbringt viele Stunden mit der Suche. Ostereier suchen? Für Bebbge nichts Besonderes. Für ihn ist immer Ostern.

Osder-Auflauf

für 4 Personen

6 hartgekochte Eier
200 g geriebener Emmentaler
150 g gekochter Schinken
1/4 l Milch
1/8 l Sahne
3 EL Semmelbrösel
2 EL Mehl
Butter

Die Eier schälen und in gleich dünne Scheiben schneiden. Eine feuerfeste Form mit Butter ausstreichen. 2 EL Butter in einem Topf zerlassen, das Mehl hineinstäuben, unter Rühren anbraten und nach und nach die Milch aufgießen und aufkochen lassen, mit der Sahne, Salz und Pfeffer verrühren und vom Herd nehmen. Abwechselnd die Eierscheiben, den Schinken und den geriebenen Käse in eine feuerfeste Form schichten und über jede Schicht Soße gießen. Mit Semmelbrösel überstreuen und die Butterflöckchen darauf verteilen. Im vorgeheizten Backofen bei 200 °C 30 Minuten backen.

Schon wieder Eiersalat, und das zu Ostern!

Ein unbekannter Heimatdichter aus der Gegend um Beelitz wurde 1687 zum Stadtschreiber ernannt. Der Bürgermeister wollte so ein wenig Kultur in die Gegend bringen. Bloß, was sollte der Dichter schon groß über das Nest schreiben? Flaches Land, arme Bürger, die Gegend gab nichts her, weder in der Vergangenheit noch in der Gegenwart. Da tat der Unbekannte das, was viele Literaten machen, wenn die aktuellen Probleme nicht zur literarischen Bearbeitung taugen. Er schrieb einen utopischen Roman. Kurzfassung: Tausende weiße Stangen ragen rund um Beelitz aus dem Sand. Sie sind essbar, die Bürger schlagen sich die Bäuche voll und was übrig bleibt, exportieren sie nach Sachsen und in andere deutsche Länder. Sie werden unermesslich reich. Das ist Utopie!

Schbaarchel-Sallad

für 4 Personen

700 g weißer Spargel
400 g Strauchtomaten
300 g grüner Spargel
1/2 Bund Basilikum
6 EL Olivenöl
3 EL Balsamico-Essig
1 1/2 TL Zucker
Salz
Pfeffer

Spargel schälen. Beide Spargelsorten in Salzwasser mit 1 TL Zucker aufkochen, vom Herd nehmen und ziehen lassen. Grünen Spargel nach fünf Minuten, weißen Spargel nach 15 Minuten herausnehmen, abschrecken und abtropfen lassen. Tomaten kurz mit kochendem Wasser überbrühen, schälen, das Kerngehäuse entfernen und das Fruchtfleisch würfeln. Olivenöl mit Essig, 3 EL Spargelbrühe, Salz, Pfeffer und dem restlichen Zucker verrühren, die Tomatenstücke unterheben. Über den abgetropften Spargel geben. Dazu geröstetes Weißbrot mit Frischkäse.

Vom 13. Mai bis 21. Juni sieht man nur ihr Hinterteil. Elfriede Schäler ist Spargelbäuerin und kommt in dieser Zeit nicht aus der Hocke. Sie kann die Stangen nicht zählen, die im Laufe des Lebens durch ihre erfahrenen Hände gegangen sind. Reife, grüne, dünne, dicke und sogar welche mit violetten Köpfen. Da nimmt es nicht Wunder, dass sie abends keinen Spargel mehr sehen kann, auch nicht den kleinsten Suppenspargel. Und um solch ein Exemplar handelt es sich bei ihrem Gatten. Nach seiner Präsentation gab sie ihm einen Korb und den guten Rat: „Du musst mal wieder etwas Kräftiges essen!“.

Schillie-gon-Garne

für 4 Personen

700 g Rindfleisch
400 g Tomaten
250 g rote Bohnenkerne (Dose)
1 Zwiebel
1 Chilischote
2 EL gehackte Petersilie
1 TL scharfer Paprika
Salz
Pfeffer
Öl

Das Fleisch in Würfel schneiden, Zwiebel und Knoblauch würfeln. Öl im Topf erhitzen. Fleisch, Zwiebel und Knoblauch darin unter Wenden von allen Seiten anbraten. Pfeffer, Salz, Paprika und die Chilischote dazugeben. Die Bohnen abtropfen, untermischen und alles eine Stunde köcheln lassen, zugedeckt natürlich. Die Tomaten kurz mit kochendem Wasser überbrühen, häuten, würfeln und zehn Minuten vor der Garzeit unter das Fleisch mischen. Mit der gehackten Petersilie bestreuen. Dazu Weißbrot.

A **uf dem Gebiet** der Rinderzucht machte Bauer Lindemann niemand etwas vor. Sein bestes Pferd im Stall war der Bulle Eberhard. Er produzierte so viel erstklassigen Samen, dass für die Kühe der ganzen Region mehrere Liter von der hochpotentigen Masse übrig blieben. Lindemann füllte die Überproduktion in große Thermosflaschen, steckte sie in den Rucksack und ging über Land, um die nach Liebe dürstenden Kühe der anderen Bauern zu beglücken. Am liebsten ging der Rucksackbulle zu Bäuerin Gretel Ungedeck, die hatte zehn erwartungsvolle Kühe im Stall und auf dem Herd immer mehrere Portionen

Greem-Garamell

für 4 Portionen

120 g Zucker
1 Vanilleschote
300 ml Schlagsahne
2 Eier
2 EL Cognac
2 Eigelbe
4 ofenfeste Förmchen

70 g Zucker in einer Pfanne hellbraun karamellisieren lassen. Vorsichtig mit 2 EL Cognac verrühren, köcheln, bis sich das Karamell gelöst hat. Karamell in die Förmchen füllen und fest werden lassen. Eine flache Auflaufform etwa 3 cm hoch mit Wasser füllen und in den Backofen schieben. Backofen auf 175 °C vorheizen. Vanilleschote und Mark heraus schaben. Schlagsahne, Vanilleschote und Mark sowie restlichen Zucker aufkochen, vom Herd ziehen und etwas stehen lassen. Vanilleschote entfernen. Eier und Eigelbe verquirlen. Heiße Sahne unter Rühren nach und nach zugeben. In die Förmchen gießen. Im Ofen im Wasserbad rund 40 Minuten stocken lassen, mit einem spitzen Messer vom Formrand lösen und auf Teller stürzen.

Otto, soll ich Dir ein Ei in die Pfanne schlagen?
BÖLLE

Mein Onkel Felix war unerschütterlicher Vegetarier. Zum Mittagessen ging er in den Leipziger Clara-Park, kaute den Maiwuchs von den Koniferen, malmte chlorophyllhaltige Lindenblätter mit seinem knackenden SVK-Gebiß und fraß den Meerschweinchen die Löwenzahnblätter weg. Er wog 45 Kilo, ging zwölfmal am Tag aufs Klo und ist auch keine 100 geworden. Also her mit dem Fleisch!

Gassler-Röllchen

für 4 Personen

1 kg ausgelöstes Kasselerkotelett
200 g Champignons
1 Gewürzgurke
1 Zwiebel
150 g saure Sahne
150 ml Fleischbrühe
1 TL Honig
Senf

Das Kasseler in ganz dünne Scheiben schneiden, es werden 20 Stück. Die Scheiben nebeneinander auslegen. Nicht salzen! Jede Scheibe dünn mit Senf bestreichen und darauf jeweils eine kleine Scheibe Champignon, ein kleines Stück Zwiebel und eine dünne Scheibe Gewürzgurke legen, zusammenrollen. Wenn sie sehr eng gewickelt werden, müssen sie nicht gebunden werden. Öl und Honig erhitzen und die Röllchen darin von allen Seiten anbraten. Mit der sauren Sahne begießen, ein paar Minuten einköcheln lassen und dann mit der Brühe aufgießen. Die restlichen Champignons zugeben und zugedeckt auf kleiner Stufe 30 Minuten köcheln lassen.

Sommer

Wie hasste denn die Schnitzel so schön braun gekriegt?
Mit Sonnenöl, Lichtschutzfaktor 1!
DÖLLE

Frau Bebbge wollte auch mal Hummer essen. Nach vier Wochen sparen mit Linsen aus der Dose war es soweit. Im teuren Restaurant standen die roten Tausendfüßler vor dem hungrigen Ehepaar. Sie piepelten sich hungrig. Bebbge drehte den teuren Panzer um, er sah die Beine. „Mein Godd, mir essen ja hier Ungeziefer!" Die Rechnung war höher als erwartet und das Budget überzogen. „Desweechen essen mir in Zugunfd schdadd Hummer nur noch

Marinierde Häringe

für 4 Personen

8 Matjesheringsfilets
1/2 l Milch
1 kleiner Becher saure Sahne
1/2 Apfel
3 Zwiebeln
4 Gewürzgurken
4 Lorbeerblätter
4 EL Essig
2 EL Öl
1 EL Meerrettich
1 TL Pimentkörner
1 TL Pfefferkörner

Milch und saure Sahne in einer Schüssel verrühren. Die Zwiebeln in dünne Ringe schneiden. In einem Töpfchen 4 EL Essig mit einer Tasse Wasser erhitzen. Zwei Drittel der Zwiebeln darin glasig dünsten, abgießen und in die Milch geben. Die restlichen rohen Zwiebeln, den geriebenen Apfel, die in feine Scheibchen geschnittenen Gewürzgurken, Lorbeerblätter, Meerrettich, Piment und die Pfefferkörner in die Milch rühren. Die Heringsfilets in Häppchen schneiden, dazugeben und das Öl darüber. Dazu Pellkartoffeln.

Die Orang-Utan-Dame Vroni, angestellt als Affe im Leipziger Zoo und seit ihrer Geschlechtsreife die Hauptfrau von Affenbulle Kurt, hatte die eintönige Verpflegung satt. Immer nur Bananen. „Nich mal Läuse hassde!", mäkelte sie an Kurt herum. „Mensch Vroni, wo soll ich denn hier Läuse hernehmen!" Kurt nörgelte schon seit langem über die sterile Sauberkeit ihres nach Veilchen duftenden Affenhauses. „Ich gönnde wedden," brummte Vroni, „dasse uns heide zum Ahmdbrood widder Bananen reinschmeißen. Aaach, war das scheen im Urwald, als de Oma noch gegochd had. Ich würde gern mal wieder ne Scheibe Schinken essen!"

Schinkenbananen mid Gürrüh-Reis

für 4 Personen

2 Bananen
4 Scheiben gekochter Schinken
200 g Langkornreis
50 g Rosinen
1/2 Tasse Orangensaft
1/4 l Gemüsebrühe
1 EL Currypulver
1 EL Butter
Petersilie
Salz
Pfeffer

Die Gemüsebrühe aufkochen. Den Reis mit dem Currypulver dazugeben, einmal aufkochen lassen und bei schwacher Hitze 20 Minuten garen. Die Rosinen mit dem Orangensaft übergießen und quellen lassen. Bananen schälen und längs halbieren. Butter in einer Pfanne zerlassen, die Bananen von jeder Seite darin anbraten, dann jede Hälfte in eine Schinkenscheibe rollen und in der Pfanne unter mehrmaligem Wenden braten. Die Rosinen mit dem Orangensaft unter den Curryreis mischen. Den Reis mit Salz und Pfeffer abschmecken, mit den Schinkenbananen belegen und mit Petersilie bestreuen.

Celsius, Fahrenheit und Reaumur saßen in einer Londoner Suppenküche. Die dampfende Suppe kam auf den Tisch und sofort gerieten sich die drei Wetterexperten in die Haare. „Zu kalt!“, monierte Fahrenheit (Siedepunkt 212 °C). „Zu heiß!“, meckerte Reaumur (Siedepunkt 80 °C). „Lauwarme Brühe!“, murmelte Celsius (Siedepunkt 100 °C). Na, da ist ein Koch nicht zu beneiden. Beim Kellner war inzwischen der Siedepunkt erreicht. Er stürmte in die Küche: „Die drei Typen werden sich nicht einig, kocht denen einfach ’ne kalte Gurkensuppe, denn kalt ist bei allen dreien Null Grad!“

Galde Gürgensübbe

2 Salatgurken
2 Zwiebeln
2 Knoblauchzehen
1 Limette
150 g Creme Fraîche
1 Bund Dill
3 EL Olivenöl
1/2 l Gemüsebrühe
Pfeffer
Salz

Gurken schälen, längs halbieren, entkernen und in Würfel schneiden. Zwiebeln und Knoblauch würfeln und im Öl glasig dünsten, Gurkenwürfel dazu und mit Brühe ablöschen. Pfeffern und salzen und zugedeckt zehn Minuten köcheln lassen. Die Schale der Limette abreiben und den Saft auspressen. Die Gurken mit der Brühe pürieren. Creme Fraîche mit der Limettenschale und -saft unterrühren. Abkühlen lassen und drei Stunden kalt stellen. Dazu passt Toast.

Sind die Gurken auch aus biologischem Anbau?
Da könnse Gift drauf nehmen!
DÖLLE

Dschingis-Khan war alt geworden. Seine berühmt-berüchtigten Manneskräfte gehörten der Vergangenheit an, denn das einzig Scharfe an ihm war nur noch sein Schwert. Deshalb wurde er zum Küchendienst abkommandiert. Alles, was sonst die Kaltmamsell zu tun hatte – Zwiebeln schneiden, Lämmer zerteilen, Knochen hacken und den Flaschen die Hälse abschlagen –, übernahm jetzt der alte Krieger. „Dsching-Dsching-Dschingiskhan“, summte er traurig vor sich hin. Alles geht einmal den Bach hinunter. Die Muskelkräfte wurden schwächer. Er suchte verstärkt nach weichen Sachen zum Zerschlagen. Da kamen ihm zwei grüne Gurken gerade recht.

Gefüllde Gürgen

für 4 Personen

2 Salatgurken
400 g Champignons
150 g Schinkenspeck
125 g Langkornreis
100 g geraspelter Gouda
50 g Parmesan
2 Zwiebeln
1/8 l Gemüsebrühe
Pfeffer
Salz

Reis in kochendes Wasser geben und zehn Minuten kochen, abgießen. Schinkenspeck in Streifen schneiden, Zwiebeln und Champignons in Streifen schneiden. Schinkenspeck in der Pfanne mit etwas Öl goldbraun anbraten, dann Zwiebeln und Champignons dazugeben und unter ständigem Wenden solange braten, bis die Flüssigkeit verdampft ist. Reis und Parmesan zugeben, salzen und pfeffern. Gurken schälen, längs halbieren, das Kerngehäuse herausheben. Salzen und mit der Masse füllen. Brühe in eine ofenfeste Form gießen, Gurken hineinlegen, im Backofen bei 200 °C zugedeckt 30 Minuten garen. Gouda darüber streuen und nochmals fünf Minuten überbacken.

Unter den Fröschen des Biotops „Grüner Schlamm" herrschte große Aufregung. Ein Außenposten hatte französische Gourmets entdeckt, die auf der Suche nach ihrem Sonntagsbraten waren. Schon einmal wurde der Bestand vom „Grünen Schlamm" durch die perversen Feinschmecker stark reduziert. Vor allem auf die jungen knackigen hatten es die Froschschenkel-Fresser abgesehen. Doch diesmal schlugen die Frösche der Gourmetbande ein Schnippchen. Um den Bestand der Kolonie zu sichern, meldeten sich alle älteren Frösche mit künstlichen Hüftgelenken freiwillig. Traurig für die Alten, aber auch für die Jäger. Sie bissen sich alle Zähne aus und waren einer Meinung: „Nie wieder Froschschenkel, dafür mehr Gemüse!".

Rohde-Beede-Gemiese

800 g Rote Beete
1 Zwiebel
3 kleine Gewürzgurken
3 Nelken
1/4 l Fleischbrühe
4 EL Rotwein
3 EL Öl
1 EL Weinessig
1 TL Zucker
1/2 TL Speisestärke
Salz

Rote Beete schälen, in 1/2 cm dicke Scheiben und dann in Streifen schneiden. Öl erhitzen und die gewürfelte Zwiebel darin hellgelb braten. Rote Beete-Streifen zugeben und etwa zehn Minuten unter Rühren andünsten. Die Fleischbrühe, Nelken und den Zucker zufügen. Salzen. Bei schwacher Hitze 30 Minuten leicht köcheln lassen. Die Speisestärke mit dem Essig und dem Rotwein verrühren und das Gemüse damit binden. Gewürzgurken in dünne Streifen schneiden, untermischen und nochmals kurz ziehen lassen. Vor dem Servieren kräftig süß-sauer abschmecken. Dazu Buletten.

In Amerika, wo die Leute sehr viel Putenbrust essen, sind die Forscher angehalten, sich eine Methode auszudenken, wie man die Brust der Pute vergrößern kann. Da liegt es nahe, dem Vorbild der weiblichen Hollywood-Stars zu folgen. Jack Russel, ein Tierarzt aus Arkansas, erfand daher ein Brustimplantat für Puten-Frauen. Die amerikanischen Feinschmecker stopfen begeistert die Riesenbrust in sich hinein, denn sie merken sowieso nicht, wenn sie Plaste essen. In Deutschland jedoch riecht man den Braten.

Budenbrusd mid Linsensallad

für 4 Personen

500 g Putenbrust
300 g Linsen
2 Hände voll Feldsalat
2 Möhren
1 Zweig Rosmarin
1 Bund Schnittlauch
5 EL Olivenöl
4 EL Kürbiskernöl
2 EL Balsamico-Essig
1 EL Senf
2 TL Thymian

Aus 3 El Olivenöl, Pfeffer und Senf eine Marinade rühren. Die Putenbrust damit einreiben und eine halbe Stunde ziehen lassen. Linsen am Vorabend in Wasser einweichen, Rosmarin dazugeben und kochen. Möhren würfeln und nach 20 Minuten dazugeben, zehn Minuten weiter kochen. Rosmarin entfernen. Die Putenbrust in Olivenöl von jeder Seite zehn Minuten braten und in Alufolie wickeln. Schnittlauchröllchen mit Kürbiskernöl, Salz, Balsamico-Essig, Pfeffer und etwas Thymian vermischen. Linsen und Möhren abtropfen lassen und untermischen. Feldsalat auf Portionsteller verteilen. Den Linsensalat und die in Scheiben geschnittene Putenbrust darauf geben. Mit etwas Thymian bestreuen.

Liebling, sag mal was gaanz gaanz Schmutziges!
KÜCHE!
© DÖLLE

Freudentaumel im Schweinestall. Muttersau Sieglinde hatte eine Million bei Günther Jauch gewonnen. Schwein gehabt! Von dem Preisgeld erfüllte sie sich einen alten Kindheitstraum: eine Reise nach China. Ihre Rückkehr in die heimatliche Bucht wurde von den Stallgefährten mit Ungeduld erwartet. Sie wollten von ihr wissen, was es in China so alles zu essen gibt. „Das Schönste waren die Frühlingsrollen“, schwärmte sie. „Wie sehen die denn aus?“, wollten die anderen wissen. Sieglinde steckte ihren Rüssel unter den Bauch, zog die Haxen an und rollte über den Mist. „Das war wohl mehr ’ne Schweinerolle“, unkte ein kleines Ferkel.

Gerolldes Schwein mid Schafsgääse

für 4 Personen

4 Schweinsrouladen
500 g Tomaten
250 g Hackepeter
200 g Fetakäse
4 Zwiebeln
2 Gewürzgurken
2 Eigelbe
2 EL Tomatenmark
1 TL Majoran
1 TL Rosenpaprika
300 ml Rotwein
Pfeffer
Salz

Rouladen salzen, pfeffern und mit Tomatenmark bestreichen. Zwei Zwiebeln und Gewürzgurken würfeln und in etwas Öl glasig schwitzen. Abkühlen lassen und mit Hackepeter, Eigelb und Majoran, Paprika, Pfeffer und Salz mischen. Auf die Rouladen streichen. Feta grob würfeln und darauf verteilen. Rouladen aufrollen und zusammen stecken. In heißem Öl von allen Seiten anbraten. Zwei gewürfelte Zwiebeln kurz mitbraten. Tomaten häuten, entkernen, würfeln und mitdünsten. Mit Wein ablöschen und zugedeckt eine Stunde köcheln lassen.

Mit dem Steak kann man ja Schuhe besohlen!
Irrtum! Die Nägel gehen nicht durch!
© DÖLLE

Frau Bebbge züchtet Zucchinis. Ihre Gartennachbarin hat dornenlose Brombeeren. Beide werden gegossen, gepflegt und mit Spezialdünger zur Vollreife gebracht. Die Ernte beginnt. Das erste Pfund wird Marmelade, die ersten Zucchinis werden süß-sauer eingelegt. Danach geht die Ernte in Stress über. Die Brombeeren tragen wie verrückt und bei Frau Bebbge naht eine Zucchini-Schwemme. Brombeermarmelade für die nächsten zehn Jahre steht im Keller, bei Bebbges gibt es Zucchinis gebraten, gefüllt, geraspelt, mit Käse überbacken und als Mus. Endlich geht die Ernte zu Ende. „Nächsdes Jahr machsch geene Zuggini mehr", stöhnte Frau Bebbge, „da pflanze ich Schambinjongs an, die wachsen hier sowieso nich!"

Schiggoree mid Schambinjongs

für 4 Personen

3 Chicoree
400 g Champignons
3 Zwiebeln
1 Bund glatte Petersilie
4 EL Olivenöl
2 EL Rotweinessig
Zucker
Salz
Pfeffer

Zwiebeln würfeln, Champignons würfeln und beides etwa fünf Minuten im Olivenöl glasig werden lassen, salzen und pfeffern, mit Essig ablöschen, eine Prise Zucker dran und abkühlen lassen. Chicoree halbieren, das untere Ende keilförmig herauslösen. Zum Anrichten einige Blätter zurücklassen, die übrigen in Streifen schneiden und zu den Champignons geben. Nicht erhitzen. Petersilie hacken und darüber streuen. Dazu Toast mit Butter.

Bebbge hat sich in die Hand geschnitten. Der Notarzt kommt, Einweisung ins Bettenhaus. Das Mittagessen wird verteilt. Ein Teelöffel zerkochte Möhren, zwei Kartöffelchen, ein Stück Möchtegern-Braten mit Soße à la Braunbier mit Spucke. Die folgenden Mittagsmenüs sind auch keine ausgesprochenen Köstlichkeiten. In Bebbge keimt Wut auf den Koch. Er greift zur einzigen Waffe im Krankenzimmer, dem Besteckmesser und sucht den Küchenchef. Der sieht dem Mordversuch gelassen entgegen, denn er weiß von vorhergegangenen Messerattacken unzufriedener Esser: die Krankenhausmesser sind viel zu stumpf. Ungerührt kochte er weiter am

Geschneddseldes mid Zuchini

für 4 Personen

600 g Schweinefleisch
2 Zucchini
1 Aubergine
1 rote Zwiebel
3 Knoblauchzehen
5 EL Öl
1 TL frischer Thymian
1/2 Becher Creme Fraîche
Salz
Pfeffer

Das Fleisch in hauchdünne Scheiben schneiden. Öl in einer großen Pfanne erhitzen und das Fleisch in zwei Portionen fünf Minuten scharf anbraten. Herausnehmen, pfeffern und salzen. Zucchini in dünne Scheiben schneiden, Aubergine würfeln. Alles zusammen im Bratfett bei großer Hitze unter ständigem Wenden etwa fünf Minuten garen. Fleisch zugeben, Thymian einrühren und abschmecken. Zum Schluss die Creme Fraîche einrühren.

Oben auf dem Rütli war wieder mal Zoff. Frau Tell begann mit den Abendbrotvorbereitungen und rief nach Wilhelm. Der war im Garten und schoss mit Pfeil und Bogen die gesamte Apfelernte vom Kopf des gemeinsamen Sohnes. Apfelkuchen ade! Am Knaben lief der Apfelsaft in Strömen herunter. „Mein Gott“, rief Frau Tell, „so ein Blödmann, hilf mir lieber!“ Sie warf Zwiebeln und grüne Gurken aus dem Fenster. „Damit du wenigstens einmal etwas Vernünftiges machst, legste das Gemüse dem Kleenen auf den Kopp. Jeder Schuss sitzt, aber bitte fein gewürfelt!“

Schmor-Gürgen

für 4 Personen

3 grüne Gurken
2 Zwiebeln
100 g Schmand
6 EL Gemüsebrühe
2 EL Butter
1 EL Estragon
2 TL Zitronensaft
1 TL Senf
1 Prise Zucker
Salz
Pfeffer

Gurken schälen, längs halbieren, entkernen und in 1 cm breite Scheiben schneiden. Zwiebeln würfeln, Butter in einem breiten Topf erhitzen und Zwiebeln darin glasig dünsten. Die Gurken dazugeben und Brühe angießen. Mit Zucker, Salz und Pfeffer würzen. Zugedeckt bei mittlerer Hitze 15 Minuten schmoren lassen. Estragon, Schmand, Senf und Zitronensaft vorsichtig unterrühren. Dazu passt gedünsteter Fisch.

WOLL'N SIE EINEN METAXA?
NEE! MIR GEHN ZU FUSS!
© DÖLLE

Von Geburt an hat Bebbge eine Fehlstellung des rechten Auges, es guckt nach außen. Er hat sich daran gewöhnt, zumal sein Gesichtskreis dadurch erweitert wird. Frau Bebbge stört das schon lange und sie drängt ihn zur Operation. Er gibt nach und geht zum Augenarzt. In das Wartezimmer kommt ein Mann mit zwei großen Wattebäuschen auf den Augen. Er war gerade durch einen kleinen Eingriff vom Schielen befreit worden. Man führte ihn ins Nebenzimmer. Die Tür war offen, Bebbge hörte jedes Wort. Die Schwester nahm die Wattebäusche ab und sagte erschrocken: „Ach du heilcher Bimbam, jedds schield er nach der anderen Seite!" Bebbge flüchtete, schielt noch heute und sieht jedes Gericht doppelt.

Gefüllde Büdenröllchen

für jeden zwei

4 Scheiben Putenbrustfilet
Für die Fülle:
200 g Porree
100 g Möhren
1 TL Senf
Pfeffer
Salz
Für die Soße:
200 ml Geflügelfond
200 g Schmand
1 TL Currypulver
Pfeffer
Salz

Das Gemüse in Streifen schneiden und sechs Minuten in Salzwasser kochen, abtropfen lassen. Den Senf mit Pfeffer und Salz verrühren und auf die Putenbrustfilets streichen. Mit den Gemüsestreifen belegen, aufrollen und mit Holzstäbchen zusammenstecken. In heißem Öl rundum schön braun braten und dann mit Geflügelfond aufgießen. Im vorgeheizten Backofen bei 220°C etwa zehn Minuten garen, dann aus dem Fond nehmen. Den Bratenfond mit Schmand, Curry, Pfeffer und Salz verrühren und noch zehn Minuten einkochen lassen, die Röllchen wieder hineinlegen.

Frau Bebbge schwitzt. Es ist Sonntag Mittag. Herr Bebbge ist zum Frühschoppen und hat sein Handy vergessen. Frau Bebbge will ihn anrufen, dass das Essen fertig ist. Vor ihr liegen zwei Handys. Sie ruft Herrn Bebbge an. Sein Handy klingelt, sie hebt ab und meldet sich: „Gomisch, da war gar niemand dran!“. Sie legt wieder auf. So verschieden wirken sich Hitzeschäden aus. Ein Glück, dass sie das Essen schon am Vortag gekocht hatte, als ihre Gedanken noch einigermaßen beisammen waren.

Schweinefillee in Joogurd-Soße

für 4 Personen

2 kleine Schweinefilets, je etwa 400 g
1 Zwiebel
100 g Gouda im Stück
2 Becher Sahnejoghurt
2 EL Butter
2 EL gehackte Petersilie
1 EL Mehl
2 TL gekörnte Brühe
1 TL edelsüßer Paprika
Salz

Die Filets mit Salz und Paprika einreiben. Käse in Stifte schneiden. Mit dem Messer kleine Löcher in die Filets bohren und die Käsestifte zu drei Vierteln hineinstecken. Die Filets in Mehl wenden. Zwiebel würfeln. Butter im Schmortopf zerlassen und die Filets von allen Seiten hellbraun braten; dabei schmelzen die Käsestifte. Zwiebeln kurz mit anbraten. Joghurt mit der gekörnten Brühe verrühren und zu den Filets geben. Zugedeckt bei schwacher Hitze 40 Minuten schmoren lassen. Mit Petersilie bestreuen.

Es war im Jahre 1551, Pieter Breughel, der Ältere, saß an seinem neuen Bild „Das Schlaraffenland". Er wollte seinen armen verhungernden Landsleuten zeigen, wie das ist, wenn manchen Leuten gebratene Broiler in den Mund fliegen. Dazu brauchte er als Modelle ein paar sehr dicke Männer. Aber woher nehmen, in diesen Hungerjahren? Sein Azubi hatte eine Idee: „Ich kenne zwei, die würden ins Bild passen!". „Sind die auch richtig fett?", fragte Breughel. „Fetter gehts nicht, die ernähren sich ausschließlich von Broilern, es sind die Wildecker Herzbuben!"

Broiler in Senf-Gääse-Soße

für 4 Personen

4 Hähnchenkeulen
2 Zwiebeln
2 Knoblauchzehen
150 g geriebener Emmentaler
200 ml Brühe
200 ml Weißwein
200 ml Sahne
6 EL Butter
3 EL Senf
2 TL Speisestärke
Salz
Pfeffer

Keulen mit Pfeffer und Salz würzen. Die Butter zerlassen, Keulen einlegen und mit der zerlassenen Butter bestreichen. Keulen von beiden Seiten anbraten. Zwiebeln und Knoblauch würfeln und dazugeben. Brühe und Weißwein dazugießen und im Backofen bei 200 °C gut 15–20 Minuten garen. Die Sahne mit dem Senf und der Speisestärke verrühren und auf den Keulen verteilen. Mit dem Emmentaler bestreuen und weitere 15–20 Minuten im Ofen garen. Dazu Reis.

DIE WOHLFÜHL-DIÄT!
10 kg ZUNEHMEN
IN 14 TAGEN!
© CHRISTINE

Gregor und Gisela, genannt Gisi, waren beide arbeitslos. Doch sie hatten Glück, zwei hochdotierte Stellen wurden ihnen angeboten: die Pachttoiletten im Bundestag. Gregor die ‚Herren' und Gisi die ‚Damen'. Bald waren sie bei den Abgeordneten sehr beliebt. Man sagte nicht: „Ich muss mal auf die Toilette", sondern „Ich geh mal zu Gregor und Gisi".
„Wie viel hast Du eingenommen, Gregor?", fragte Gisi. „Zwei Euro, und Du?" „Ooch!". Davon leisteten sie sich ein Pfund Hackepeter und kochten

Maddsch mid Geschmagg

für 4 Personen

500 g Gehacktes
500 g Zwiebeln (Sie haben richtig gelesen)
100 g durchwachsener Speck
4 Knoblauchzehen
1 sehr große Kartoffel
3 Eier
1 TL Senf
Currypulver
Kümmel
Salz
Pfeffer

Das Gehackte in eine Schüssel geben. Zwiebeln, Knoblauch und Speck in Würfel schneiden. Die rohe Kartoffel fein reiben. Zwiebeln, Knoblauch und geriebene Kartoffel mit dem Hackfleisch vermischen. Die Eier hineinschlagen und mit Senf, Salz, Pfeffer, Kümmel und Curry würzen. In einer großen Pfanne etwas Öl erhitzen und die Speckwürfel andünsten. Die Zwiebel-Hackfleisch-Masse im Speckfett unter ständigem Wenden braten, bis alles gut durchgegart ist. Dazu passt Birnenkompott.

BITTE DIE RECHNUNG, ABER FLAMBIERT!
© CHRISTINE

Auf der Entbindungsstation herrschte große Freude. Veronika Meier hatte Zwillinge geboren, ohne Komplikationen. Veronikas Mann strahlte über alle Backen vor Vaterstolz. Zu Ehren der neuen Erdenbürger versprach er ihr ein großes Grillfest im Garten mit allen Nachbarn und Freunden. Doch Veronika hatte die Nase voll von dem fettigen Grillgut, sie wollte endlich ihren Babyspeck loswerden. Aber ihr Gatte ließ sich nicht beirren. Leise flüsterte er ihr ins Öhrchen: „Wer viel grillt, der gut stillt!"

Gegrillde Globbse

700 g gemischtes Hackfleisch
200 g Zucchini, gewürfelt
150 g Emmentaler
2 Zwiebeln, gewürfelt
1 Knoblauchzehe, gehackt
2 Scheiben Toastbrot
1 Ei
2 EL Senf
1 EL Butter
Salz
Pfeffer

Toastbrot entrinden, würfeln und mit etwas Butter beträufeln. Zucchini, Zwiebeln und Knoblauch in der heißen Butter andünsten. Mit dem Toastbrot zum Hackfleisch geben und mit Ei und Senf verkneten, salzen und pfeffern. Aus der Masse acht Steaks formen. In die Mitte jeweils eine Mulde drücken. Käse in acht Würfel schneiden und diese in die Mulde drücken. Hacksteaks wieder schließen und etwas flach drücken. Gut 20 Minuten von beiden Seiten grillen.

„GESCHÄFTS-
ESSEN"
CHRISTINE

Frau Bebbge braucht etwas zum Anziehen. Sie schnappt ihre EC-Karte. Die Verkäuferin in der Damenabteilung tänzelt um sie herum. Die Hose ist oben zu eng und unten zu kurz. „Sie haben sicherlich gerade Mittag gegessen", beruhigt sie. „Ich kann doch nicht nüchtern kommen, wie beim Blut ziehen!" Der Blazer ist unten zu eng und oben zu weit. „Man trägt das sowieso immer offen", lächelt die Verkäuferin. Kurzum, Frau Bebbge entspricht nicht dem europäischen Standard. Konfektionsausschuss sozusagen. Das liegt bestimmt an der vielen

Girrsch-Fanne

für 8 Personen

1 kg süße Kirschen
6 altbackene Brötchen
3/8 l lauwarme Milch
4 Eier
100 g Zucker
50 g gehackte Mandeln
2 EL Puderzucker
1 TL Zimt
1 Prise Salz
Butter

Die Kirschen entsteinen. Brötchen in Würfel schneiden, mit der Milch übergießen und gut weichen lassen. Den Backofen auf 200 °C vorheizen. Eine Auflaufform mit Butter ausstreichen. Die Eier in Eigelbe und Eiweiße trennen. Eigelbe mit dem Zucker und dem Zimt verrühren und mit den Kirschen und den gehackten Mandeln unter die Brötchenmasse mischen. Die Eiweiße mit dem Salz zu Schnee schlagen, unter die Brötchenmasse heben und alles in die Auflaufform füllen. Mit Butterflöckchen belegen und im Backofen 40 bis 50 Minuten backen. Vor dem Servieren mit Puderzucker besieben.

Bebbge im Kleingarten: Wohin er schaute, es gab nichts mehr zu tun. Die Laube war fertig, der Garten blühte. Da hatte er eine Idee: „Ich baue einen Gaarbord!“. Wenn er etwas macht, macht er es richtig. Er vermaß die Breite seines Autos, dann zog er links und rechts eine Mauer hoch. Ein Dach darauf, und das Auto war gegen Regen geschützt. Zufrieden mit seiner Arbeit, fuhr er in den Carport. Es passte wunderbar, bloß die Türen gingen nicht auf. Schade, denn seine Frau bereitete gerade sein Lieblingsgericht:

Gwarg-Gnöödel

für 4 Personen

400 g Magerquark
120 g Toastbrot
80 g Butter
80 g Semmelbrösel
60 g Zucker
1 Vanilleschote
1 Ei
1 TL abgeriebene Zitronenschale
1 TL abgeriebene Orangenschale
Salz

Quark in einem Geschirrtuch leicht ausdrücken. Toastbrot in der Moulinette fein zerkleinern, Vanilleschote ausschaben. 30 g zimmerwarme Butter und 30 g Zucker mit dem Mixer schaumig rühren. Quark, Vanillemark, Ei, Eigelb, Zitronenschale und Toastbrösel untermischen. Zwei Stunden kalt stellen. Restliche Butter und restlichen Zucker in einer Pfanne schmelzen. Orangenschale und Semmelbrösel einrühren, abkühlen lassen und mit den Händen fein zerbröseln. Aus der Quarkmasse mit feuchten Händen zwölf tischtennisballgroße Knödel formen. Die Knödel in kochendes, leicht gesalzenes Wasser legen, Hitze reduzieren. Wenn die Knödel nach oben steigen, noch zehn Minuten gar ziehen lassen. Mit einer Schaumkelle herausnehmen, in den Bröseln wenden und mit Rhabarberkompott servieren.

Friedemann Krause stöhnte unter der Hitze. Als Beamter muss er zwar keine Bewegungen ausführen, die sein Deo überfordern, aber bei diesen Temperaturen kann der schnelle Griff zum Amtsstempel die Friedemannschen Schweißdrüsen zu ungewollter Produktion anstacheln. Sonst freute er sich immer auf den Feierabend, um mit seiner Gattin im warmen Bettchen zu kuscheln. Heute rief er sie im Schweiße seines Angesichts an: „Setz Dich schon mal ein paar Stunden in den Kühlschrank, wenn ich nach Hause komme, brauch ich unbedingt etwas Kaltes!“.

Firsich-Galdschale

für 2 Personen

6 reife Pfirsiche
100 g Him- oder Brombeeren
1/4 l trockener Weißwein
100 g Sahne
20 g Speisestärke
2 Stängel Zitronenmelisse
1 Vanilleschote
2 EL Zucker

Pfirsiche überbrühen, abschrecken, häuten und in Stücke schneiden. Wein, 1/4 l Wasser und das Mark der Vanilleschote mit den Pfirsichen etwa zehn Minuten zugedeckt köcheln lassen, dann im Topf mit dem Mixer pürieren. Stärke mit 3 EL Wasser verquirlen, dazurühren und einmal aufkochen, bis die Suppe dicklich ist. Im Kühlschrank abkühlen lassen. Suppe auf den Tellern verteilen. Sahne halbsteif schlagen, auf die Teller geben. Mit Brom- oder Himbeeren und Zitronenmelisseblättern garnieren.

Herbst

Frau Meischelböck versinkt, nicht im See, sondern in ihrer ungeheuren Zucchini-Ernte. Wohin nun mit den Dingern? Da kann sie den Nachbarn endlich mal eine Freude machen, wenn auch eine zweifelhafte. Ein Fünf-Kilo-Exemplar schenkt sie ihrer Nachbarin. Die reicht das gute Stück gleich weiter an den Junggesellen nebenan, Herrn Striezelbecher. Der hat gerade eine Tüte Spirelli aufgemacht und gibt die grüne Pracht wie einen Staffelstab weiter an die kinderreiche Familie Willschrei. Nachdem die Kinder damit Fußball gespielt haben, klingelt Frau Willschrei bei Meischelböcks: „Ich hab da was ganz Besonderes für Sie!“ Das hat sie nun von ihrer Mildtätigkeit. Verzweifelt kocht sie zehn Liter

Zuchini-Greem-Subbe

500 g Zucchini
200 g Kartoffeln
2 Zwiebeln
1 Knoblauchzehe
100 g Creme Fraîche
40 g Mandelblättchen
3/4 l Fleischbrühe
Öl
Pfeffer
Salz

Zucchini schälen. Etwa 150 g davon grob raspeln, den Rest in 2 cm große Würfel schneiden. Kartoffeln schälen und auch in 2 cm große Würfel schneiden. Zwiebeln würfeln und in Öl glasig dünsten. Kartoffel- und Zucchiniwürfel darin kurz andünsten und mit der Brühe aufgießen. Zugedeckt etwa 30 Minuten köcheln lassen. Mit dem Mixer pürieren und mit Salz und Pfeffer abschmecken. Creme Fraîche einrühren. Knoblauch hacken und mit den Mandelblättchen in Öl goldbraun rösten. Dann die Zucchiniraspeln dazugeben und nochmals kurz braten. Über die Suppe streuen.

WIR FEIERN BLECHERNE HOCHZEIT! 25 JAHRE ESSEN AUS DOSEN!
CHRISTINE

Ein Arktisforscher hatte um Audienz beim Papst gebeten. Der Pontifex legte seine Hand segnend auf des Forschers Kopf und wünschte ihm ewigen Frieden. Ihm und dem ganzen Erdkreis. „Ewiges Eis wäre mir lieber, Heiliger Vater!" Der hörte das schon nicht mehr, er war weiter gezogen, vorbei an den anderen noch zu segnenden Gläubigen. Da rannte der Forscher dem Papst hinterher: „Was sind Sie eigentlich für ein Landsmann?". „Ich bin Pole!", lächelte er mild. „Südpole oder Nordpole?" Der Arktisforscher kannte keine anderen Gegenden. Deswegen bevorzugte er auch ausschließlich kalte Speisen.

Gefüllder Schiggoree

für 4 Personen

2 Chicoree
3 große Fleischtomaten
1 große Mandarine
5 gefüllte grüne Oliven
3 EL Zitronensaft
3 EL Öl
1 TL Honig
Salz
Pfeffer

Chicoree am Wurzelende kürzen. Aus dem Wurzelende mit einem spitzen Messer einen kleinen Keil heraus schneiden. Chicoree längs halbieren und mit wenig Zitronensaft beträufeln. Tomaten häuten, entkernen und in Würfeln schneiden. Mandarinen in Spalten teilen. Oliven in Scheiben schneiden. Restlichen Zitronensaft mit Salz, Pfeffer, Honig und dem Öl verrühren. Mit den Tomatenwürfeln, Mandarine und Oliven vermischen. Diesen Salat zehn Minuten ziehen lassen und in die Chicoreehälften füllen.

Adam und Eva hatten Hunger. Das Knurren ihrer Mägen übertönte selbst das Schnarchen des lieben Gottes. Sie gingen auf Nahrungssuche. Am Zaun zum Nachbarparadies sahen sie einen großen Baum mit vielen herrlich roten Äpfeln stehen. Ein Ast ragte in ihr Paradies. Ratzeputze ernteten sie das Obst und schnurpsten alles weg, bis auf vier Äpfel,. „Ach weesde was", sagte Eva, „den Resd schnibble ich gleen un machse am Sonndaach in de Buuden-Schniddsel".

Büden-Schniddsel mid Äbbeln

für 4 Personen

4 Putenschnitzel
4 Äpfel
2 Zwiebeln
50 g durchwachsener Speck
2 EL Mehl
1 EL Parmesan
1 TL Zucker
3 cl Weißwein
Öl
Pfeffer
Salz

Zwiebeln, Speck und einen Apfel würfeln. Öl in einer Pfanne erhitzen, Äpfelwürfel mit der Hälfte der Zwiebel- und Speckwürfel darin fünf Minuten dünsten und mit Parmesan mischen. Putenschnitzel breit klopfen, die Masse aus dem Tiegel darauf verteilen, zusammenklappen und mit Holzstäbchen feststecken. Restliche Äpfel in grobe Stücke schneiden und mit den restlichen Speck- und Zwiebelwürfeln in Öl andünsten. Zucker und Wein dazu. Putenschnitzel pfeffern, salzen und in Mehl wenden. In einer anderen Pfanne von beiden Seiten braten und mit dem Apfel-Speck-Zwiebel-Gemisch servieren. Dazu Bratkartoffeln.

Gegen schwindende Manneskräfte
hilft nur eins – Gemüsesäfte!
Damit die Kräfte wieder sprießen,
sollte man sie auch nicht süßen.
Am besten hilft der Sellerie,
meistens abends, selten früh.
Ein Glas von diesem Saft
bringt Power in die Manneskraft.
Da flattern Muttis Augenlider,
sie dachte schon, es klappt nie wieder.
Mit Viagra ging das nie,
es lebe hoch der Sellerie!

Sellerie mid Haggfleisch ünd Gääse

für 4 Personen

800 g Knollensellerie
500 g Hackfleisch
200 g Gouda
1 Zwiebel
2 Knoblauchzehen
2 Eier
100 g Paniermehl
4 EL Mehl
2 TL Zitronensaft
1 TL getrockneter Thymian
Pfeffer
Salz

Sellerieknollen in acht Scheiben schneiden und dünn schälen. Scheiben rund ausstechen, etwa 10 cm Durchmesser, und in Salzwasser mit Zitronensaft 15 Minuten garen. Abgießen und abtropfen. Hackfleisch mit Pfeffer, Salz und Thymian würzen. In heißem Öl mit Zwiebel- und Knoblauchwürfeln anbraten und abkühlen lassen. Selleriescheiben mit Pfeffer und Salz würzen, zuerst in Mehl, dann in verquirlten Eiern und anschließend in Paniermehl wenden. In heißem Öl von beiden Seiten goldgelb braten. Auf ein Backblech setzen, die Fleischmischung darauf häufeln und mit je einem Stück Käse bedecken. Im vorgeheizten Backofen bei 200 °C rund zehn Minuten überbacken. Dazu schmeckt Kartoffelmus.

Meditierst Du schon wieder?
© DÖLLE

Im Karnickelstall herrscht helle Aufregung. Der Rammler Norbert geht fremd. Er betrügt seine Tilla schon länger. Doch nicht etwa mit einer Dame der eigenen Rasse. Nein! Viel schlimmer! Er treibt es mit einem Huhn! Das ständige Gegacker macht ihn an und bringt seine Hormone in Wallung. „Das ist doch Sodomie!“, hoppelt Tilla eifersüchtig auf und ab. Da hört sie die Stimme der Bäuerin. Tilla stellt die Lauscher auf. Eine beruhigende Nachricht! Die Bäuerin sagt zum Bauern: „Weesde was, am Sonndaach is das Huhn dran, ich hab Abbedied auf

Hiehnerbrusd mid Schiggoree

für 4 Personen

400 g Hähnchenbrust
2 Chicoree
500 g Staudensellerie
4 Orangen
250 g fettarme Mayonnaise
3 EL Weißwein
2 TL Curry-Pulver
1 Prise Zucker
Öl

Orangen in Filets schneiden, Saft auffangen. Hähnchenbrust salzen, pfeffern und in heißem Öl auf jeder Seite zehn Minuten braun braten. Aus der Pfanne nehmen, Curry im Bratfett kurz anschwitzen, mit Weißwein und 4 EL Orangensaft ablöschen. Abkühlen lassen. Staudensellerie, Chicoree und Hähnchenbrust in Scheiben schneiden. Alles mit den Orangen vermischen. Mayonnaise mit der Currysoße verrühren, mit Salz, Pfeffer und einer Prise Zucker abschmecken. Über den Salat geben.

In Bebbges Garten wuchsen Birkenpilze, etwas Hallimasch, ein Fliegenpilz und einige Kremplinge. Frau Bebbge warnte vor dem Genuss. „Ach was, rein in de Fanne!" Frau Bebbge enthielt sich der Speise. Nach dem Verdauungsnickerchen wollte Bebbge die Nachrichten sehen. Er hörte schlecht, ein Ohr war fast taub. Das waren die Täublinge. Dann wurde ihm schlecht, sein Magen krempelte sich nach außen. Das waren die Kremplinge. „Mir is so gomisch, als ob ich flieche." Das war der Fliechenpilz!

Waldbilz-Eindobb

200 g frische Waldpilze
1 kleine Zwiebel, fein geschnitten
1/2 l Fleischbrühe
1/2 Bund Petersilie
1 EL Speckwürfel
1 EL Mehl
1/2 EL Kräuteressig
1 Lorbeerblatt
1 Prise Zucker

Die Pilze putzen und klein schneiden. Die Zwiebel mit etwas Butter anschwitzen und Speckwürfel hinzufügen. Dann mit dem Mehl bestäuben, mit der Brühe ablöschen, gut umrühren, das Lorbeerblatt dazu und rund fünf Minuten köcheln lassen. In einer Pfanne mit etwas Butter die Pilze anschwenken, salzen und die Petersilie untermischen. Die Pilze zur Suppe geben, pfeffern, mit Essig und Zucker abschmecken.

„Sachsen können alles, außer Hochdeutsch". Nach diesem Leitsatz handelt Bebbge, seit er seinen ersten Fahrradreifen geflickt hat. Frau Bebbge hatte eine neue Brille, aber „die Bügel drücken ein bissel hinterm Ohr". „Das hammer gleich", brüstete sich der praktische Sachse Bebbge. „Ich hab das beim Optiker gesehen, der hat da soone blaue Flamme, da hält er die Bügel drüber und biegt sie, bis nichts mehr hinterm Ohr drückt". Er zündete den Gasherd an und hielt die Brille über die Flamme. Sofort brannten beide Bügel. Also, alles können manche Sachsen nicht, aber kochen, das könnse alle!

Schweinenuss mid Äbbeln

für 4 Personen

1 Schweinenuss
2 Zwiebeln
3 Knoblauchzehen
1 Möhre
3 säuerliche Äpfel
1 Chilischote
300 ml Rotwein
300 ml Brühe
2 EL Honig
2 EL Apfelessig
Butter
etwas Rosmarin und Thymian
Pfeffer
Salz

Fleisch salzen, pfeffern und in heißer Butter rundum anbraten. Äpfel, Möhre, Zwiebeln, Knoblauch und Chilischote würfeln, kurz mitbraten. Kräuter zufügen und mit Rotwein ablöschen. Brühe zugießen. Honig und Apfelessig einrühren. Im Backofen zugedeckt 60–70 Minuten schmoren. Fleisch herausnehmen, Soße pürieren und eventuell mit Soßenbinder andicken. Dazu schmecken Pilze.

Nimm doch mal ein Kochbuch!
Ach, eh das weich ist!
© CHRISTINE
MONTAG

Bebbge neigt zur Leibesfülle, manchmal drückt sogar der Bauch auf die Brust. Er ging zum Arzt, der riet ihm: „Sie sollten mehr Light-Produkte zu sich nehmen, Light-Cola, Light-Margarine, Light-Käse, sonst steigt der Cholesterin-Spiegel light nach oben und es droht ein lighter Herzinfarkt!" Der Doktor wackelte light mit dem Zeigefinger. „Nehmen sie es nicht auf die lighte Schulter, Sie sollten weniger essen!" „Das ist eine gute Idee", meinte Bebbge, „bei meiner Light-Rente. Aber lighter hat meine Frau das Mittagessen schon fertig!".

Schweine-Reis

für 4 Personen

300 g Schweinefleisch
1 Stange Porree
200 g Langkornreis
100 g Weißkraut
50 g Sellerieknolle
50 g Mandelblättchen
4 EL Olivenöl
1 EL Speisestärke
1/2 EL Zucker
1/2 TL Ingwerpulver
1/4 l Fleischbrühe
1 Schuss Weinessig
Salz

Das Fleisch in Würfel schneiden. Sellerie würfeln, Porree in Scheiben schneiden, Kohl in Streifen hobeln. Öl erhitzen und das Fleisch von allen Seiten anbraten, etwas salzen. Das Gemüse mit der Fleischbrühe zum Fleisch geben und alles bei schwacher Hitze zugedeckt 45 Minuten köcheln lassen. Inzwischen den Reis in reichlich Salzwasser körnig kochen lassen, abgießen. Die Speisestärke mit dem Zucker, Ingwerpulver, einer Prise Salz, einem Schuss Essig und etwas Wasser anrühren. Die Fleischsoße damit binden und aufkochen lassen, die Mandelblättchen unterrühren. Den Reis in eine Schüssel füllen und mit der Fleischsoße bedeckt servieren.

WIR SIND EIN FÜNF-STERNE-RESTAURANT!
DANN BITTE EINE STERNCHEN-SUPPE!

Otto Schielmann, der Gründer einer großen Brillenkette, kam aus ärmlichen Verhältnissen, und die Kindheitserlebnisse sollen ja prägend für das ganze Leben sein. Eines Tages kam sein Vater sturzbetrunken nach Hause, legte sich aufs Bett und schlief ein. Mutter Schielmann zog ihm erst das Hemd und dann die Hose aus. Da schnellte er hoch und rief empört: „Fassen sie mich nicht an, ich bin verheiratet!". Mit Brille wäre das nicht passiert! Seitdem war es des kleinen Ottos Ziel: „Brillen für alle!" Er gründete eine Brillenfirma und hat jetzt so viel Geld, dass er sich ab und zu ein ordentliches Essen leisten kann.

Zürcher Galbsgeschneddseldes

für 4 Personen

600 g geschnetzeltes Kalbfleisch
300 g Champignons
1 Zwiebel
200 g Sahne
1/8 l trockener Weißwein
4 EL Öl
1 EL Butter
1 EL Mehl
1 EL gehackte Petersilie
Pfeffer
Salz

Zwiebeln würfeln, Champignons in Scheiben schneiden. Die Butter mit dem Mehl verkneten. Das Öl erhitzen und das Kalbfleisch darin in kleinen Portionen anbraten und in ein Sieb über eine Schüssel geben. Die Zwiebel in dem Öl glasig braten, Champignons hinzufügen und mitbraten. Weißwein und Sahne zugeben und den Butter-Mehl-Kloß unter Rühren auflösen. Alles einige Minuten durchkochen lassen und mit Salz und Pfeffer abschmecken. Das Fleisch mit dem Fleischsaft untermischen und mit Petersilie bestreuen.

IST DAS SAUERKRAUT AUCH VON FREILAUFENDEN KOHLKÖPFEN?
CHRISTINE

Als Rotkäppchen an einem Weißkrautfeld spazieren ging, wehte der Wind ihr das rote Käppchen vom Kopfe. Es fiel direkt auf einen Weißkrautkopf. Hastewaskannste färbte sich der Kohl rot. Der Bauer war begeistert. Alle wollten auf einmal so roten Kohl. Da wandte sich der Bauer an einen Genforscher. Der fing gleich an zu klonen. Er klonte solange, bis der Rotkrautbedarf gedeckt war. Ein Rotkrautgen-ie.

Rodgraud-Wiggel

für 4 Personen

8 große Rotkrautblätter
300 g Hackepeter
100 g frische Waldpilze
1 eingeweichtes Brötchen
1 Scheibe Vollkornbrot
2 Zwiebeln
1 Ei
1/8 l Fleischbrühe
2 EL saure Sahne
1 TL Honig
1 TL Mehl
Kümmel
Butter
Pfeffer
Salz
Maggi

Die Kohlblätter 15 Minuten in Salzwasser kochen, herausnehmen und abtropfen lassen. Den Hackepeter mit den geschnittenen Pilzen, dem ausgedrückten Brötchen, 1 Zwiebel, 1 Ei, Pfeffer, Salz und Kümmel vermengen. Auf je zwei Kohlblätter einen Klecks Hackepeter tun, zusammenrollen und mit Rouladennadeln feststecken. Zwei Esslöffel Butter und einen Teelöffel Honig erhitzen, geschnittene Zwiebeln dazu und die Wickel darin von allen Seiten anbraten, etwas Kümmel darüber streuen. Mit der Brühe aufgießen, das Vollkornbrot hineinbröseln und 45 Minuten garen. Danach zwei Esslöffel saure Sahne mit einem Teelöffel Mehl glatt rühren und in die Soße rühren. Mit ein paar Spritzern Maggi abrunden.

Als Wladimir Putin noch in Dresden stationiert war, half er gern mal in der Küche aus. Er brauchte diesen Ausgleich zu seiner Tätigkeit als KGB-Offizier. Doch die Geheimdienstküche war nicht gerade üppig mit Lebensmitteln ausgestattet. Wenn die Bezirksverwaltung Leipzig des Ministeriums für Staatssicherheit zu Gast war, musste Wladimir seine Fantasie bemühen, um etwas Besonderes aufzutischen. Meistens blieb es dann doch bei Borschtsch oder Pelmeni ohne Fleischfüllung. Aber ein Visionär war der Wladimir schon damals. Er dachte an seine Zukunft und rief den hungrigen Kirgisen, Tschuktschen, Kasachen, Turkmenen, Grusiniern, Burjeten, Tscherkessen, Ukrainern und Karelofinnen zu: „Wenn ich erst Präsident von Russland bin, gibt es auf jedem Tisch täglich

Beff Schdroganoff

für 4 Personen

400 g Rinderfiletspitzen
200 g kleine Möhrchen
1 Essiggurke
2 Zwiebeln, fein geschnitten
Petersilie
1/8 l Rotwein
1/8 l Bratenfond, dunkel
3 EL Creme fraîche
Zucker
Öl
Butter
Salz
Pfeffer

Rinderfiletspitzen in feine Scheiben, Gurke in Streifen schneiden. Filetspitzen in einer Pfanne mit Öl anbraten, Zwiebeln und Gurken zugeben. Alles in ein Sieb, auf eine Schüssel legen, den Bratensaft in der Pfanne mit Rotwein ablöschen. Bratenfond zugeben und aufkochen, mit Salz und Pfeffer abschmecken. Den in der Schüssel aufgefangenen Fleischsaft in die Soße geben und nochmals aufkochen. Die Möhrchen in etwas Butter zehn Minuten dünsten und mit Zucker und Salz würzen. Fleisch und Soße vermischen und mit der Creme fraîche begießen. Petersilie überstreuen, die Möhrchen dazu reichen. Dazu Reis.

Es war einmal eine kleine, einsame Erbse, die sich verlaufen hatte. Da sah sie ein Schloss, sie klopfte an und es wurde ihr aufgetan. Die Räume waren ein wenig abschüssig und so rollte sie direkt in das Bett der Prinzessin. Da erwarteten sie schon ein ganzes Pfund Erbsen, die sich ebenfalls verlaufen hatten. Der Prinzessin aber drückte der Hintern immer mehr. Sie sammelte wimmernd die Erbsen aus der Matratze, ging damit in die Schlossküche zum dicken Koch und sagte: „Mach was draus!".

Griener Draum

für 4 Personen

1 Packung Tiefkühl-Erbsen (300 g)
500 g grüne Nudeln
250 g gekochter Schinken
2 Becher Sahne
Knoblauchsalz
Maggi
Parmesan
Olivenöl
Salz
Pfeffer

Die Erbsen etwas antauen lassen. In einem großen Topf reichlich Wasser für die Nudeln aufsetzen. In der Zwischenzeit etwas Öl in der Pfanne erhitzen, einen Schuss von der Sahne dazugeben, verrühren und heiß werden lassen. Die leicht angetauten Erbsen hineingeben, wieder etwas Sahne dazu und warm werden lassen. Die Nudeln acht Minuten sehr bissfest garen, abschütten. Die Erbsensahne mit Pfeffer, Salz, Knoblauchsalz und Maggi abschmecken und einköcheln lassen. Den Schinken in dünne Streifen schneiden, in die Pfanne geben und solange auf kleiner Flamme ziehen lassen, bis die Sahne cremig ist. Nudeln in einem großen Topf schütten und die Soße unterrühren. Alles zusammen noch zehn Minuten einkochen lassen. Mit Parmesan bestreuen.

„HEUTE GIBTS LAST-MINID-SUBBE!"
CHRISTINE

„Ich denke oft an Piroschka“, gestand Opa Wolfgang an seinem 80. Geburtstag seiner Gattin. „Denkste, das habe ich nicht gemerkt, sooft, wie du in Ungarn warst.“ Er war damals in der DDR Auslandsmonteur beim VEB Nippel und Lasche im Leichtbaukombinat Hauptlasche. Sein Einsatzort war in Celldömölk, gleich hinter Hodmezövasarheli auf der Puszta-Rood Nr. 12 in Richtung Mezöcsökonya. Dort, am Waldesrand, wohnte Piroschka. Jede freie Stunde verbrachte er mit ihr. Und was kochte Piroschka für den verliebten DDR-Bürger, damit er scharf wurde wie Paprika?

Babbrigga-Globbse

500 g Hackepeter
3 große Paprikaschoten
2 Zwiebeln
1 Ei
100 ml Fleischbrühe
1 EL Tomatenmark
1 TL Rosenpaprika
1 TL Honig
Kümmel
Maggi
Öl
Pfeffer
Salz

Die Paprikaschoten in größere Stücke schneiden, die Zwiebeln würfeln. In einem Topf Öl, einen Teelöffel Honig, ein paar Spritzer Maggi und einen Teelöffel Rosenpaprika erhitzen. Paprika und Zwiebeln darin bissfest dünsten. Pfeffer, Salz und eine Tasse Brühe dazugeben. Das Paprikagemüse mit einem Schaumlöffel aus dem Topf nehmen und beiseite stellen. Den Hackepeter mit Pfeffer, Salz, Kümmel, Zwiebel und einem Ei vermischen. Tischtennisballgroße Klöpschen formen und in dem im Topf verbliebenen Gemüsesud gar ziehen lassen. Danach den Paprika wieder dazugeben.

Frau Beethoven klopfte die Sonntagsschnitzel. Ta, ta, ta, ta-aahh, hämmerte es aus der Küche. Das war nicht das erste Mal, dass sie ihrem Gatten beim Komponieren seiner Symphonien den entscheidenden Anstoß gegeben hatte. Die „Fünfte" war im Kasten. Da klingelte es an der Tür. Frau Kowalski von nebenan war ganz aufgeregt: „Stellen Sie sich vor, Herr Beethoven, meine Tochter ist wieder da!" „Wo war sie denn?", fragte Beethoven sehr interessiert. „Meine Tochter war im Elysium!" „Freude schöner Götterfunken!", jubelte Beethoven. „Zur Feier des Tages komponiere ich eine Symphonie aus

Gassler und Endivien

für 4 Personen

4 Kasselerkoteletts
1 kleiner Kopf Endiviensalat
1 Zitrone
2 EL Sojasoße
2 EL Butter
1 EL flüssiger Honig
1/8 l Fleischbrühe
Pfeffer
Salz

Die Zitronenschale abreiben und den Saft auspressen. Mit Sojasoße, Honig und Pfeffer verquirlen, die Koteletts darin wenden und eine Stunde stehen lassen. Endiviensalat in 2 cm breite Streifen schneiden. Butter in einer Pfanne zerlassen. Die Koteletts von jeder Seite etwa fünf Minuten braten. Ab und zu mit Marinade bestreichen. Die Koteletts herausnehmen und warm halten. Die Endivienstreifen einrühren, die restliche Marinade und die Brühe zugießen. Bei starker Hitze fünf Minuten garen. Salzen und pfeffern und zu den Koteletts servieren. Dazu Bratkartoffeln.

Mein Mann ist farbenblind, er kann Rot von Grün nicht unterscheiden. Wenn er wieder zu Hauptverkehrszeiten an der Ampel hält, weil Grün ist und ich genervt schreie: „Du wartest mal wieder, bisses Blau ist!“, da haben wir den

Ampel-Sallad

für 2 Personen

je eine rote, gelbe und grüne Paprikaschote
1 Bund Frühlingszwiebeln
150 g Schafskäse
75 g schwarze Oliven
6 EL Olivenöl
3 EL Rotweinessig
1 Prise Zucker
Salz
Pfeffer

Paprikaschoten entkernen, vierteln, flachdrücken und auf einen mit Alufolie belegten Grillrost legen. Etwa zehn Minuten rösten, bis die Haut Blasen wirft. Aus dem Grill nehmen und ein feuchtes Tuch über die Schoten ausbreiten, abkühlen lassen und die Haut mit einem spitzen Messer abziehen. Frühlingszwiebeln in Ringe schneiden, Oliven entsteinen und Schafskäse zerbröckeln. Aus Essig, Salz, Pfeffer und Olivenöl eine Salatsoße rühren. Die Paprikaschoten auf einer Platte anrichten, mit Zwiebeln, Oliven und Schafskäse belegen und mit der Salatsoße beträufeln.

Ich komme vom Schwangerschaftstest
Na und?
Es wird ein kleines Helles!
©CHRISTINE

Irmchen, die Köchin vom „Blauen Ochsen“ war bekannt für ihre ausgezeichnete Hausmannskost. Rouladen, Krautwickel, Gulasch und Gänsebraten waren die Renner bei den Gästen. Nun kam Irmchen, es war leider nicht zu verhindern, langsam in die Wechseljahre, die ja bekanntlich mit unerträglichen Hitzewallungen verbunden sind. Wenn Irmchen eine heiße Herdplatte sah, flüchtete sie in den Kühlraum. Doch die Linderung bei zehn Grad Kälte hielt nicht lange an, die nächste Hitzewelle dräute. Mit Schweißperlen auf der Stirn zog sie konsequent einen Schlussstrich und verkündete: „Ab morgen schule ich um zur Kaltmamsell!“.

Galde Gääse-Derrinne

für 6 Personen

je eine halbe rote, gelbe und grüne Paprika
400 g Doppelrahm-Frischkäse
400 g Mozzarella
2 Zwiebeln
50 g Kürbiskerne
4 EL Kürbiskernöl
4 EL Sonnenblumenöl
4 EL Weißwein-Essig
3 EL. Milch
6 Blätter Gelatine
Thymian

Paprika würfeln. Gelatine in kaltem Wasser einweichen, den Frischkäse verrühren. Milch erwärmen, die ausgedrückte Gelatine darin auflösen und unter den Käse rühren. Paprika, Thymian und Kürbiskerne zufügen, salzen und pfeffern. Mozzarella in Scheiben schneiden. Eine Kastenform mit Folie auslegen, Mozzarella und Käsecreme abwechselnd einschichten. Drei Stunden in den Kühlschrank stellen. Für die Vinaigrette Zwiebeln würfeln, Essig und Öl verrühren. Terrine stürzen, Folie entfernen und die Form in Scheiben schneiden. Mit der Vinaigrette servieren.

Jenny Marx, ihr Mann Karl und die Kinder schoben Kohldampf. Das „Kommunistische Manifest“ war noch nicht geschrieben. Die neue Ideologie waberte unausgegoren in Karls Kopf herum. In den Denkpausen, die selbst ein revolutionärer Vordenker manchmal braucht, ging er gern an die Themse, um zu angeln. Er verband so das Angenehme mit dem Nützlichen: Fisch für die Familie und Entspannung für die grauen Zellen, pardon, für die roten Zellen. Die Fische kannten ihn schon. Er tat ihnen leid. Gerade wollte ein kleiner Hering anbeißen, da drängelte sich ein fünfpfündiger Seelachs vor: „Ein Hering reicht nicht für die ganze Familie, ich opfere mich für

Seelachs-Fillee in Ziddronensoße

für 2 Personen

2 Seelachsfilets
1 Stange Porree
2 Eigelb
1/8 l Brühe
1/2 TL Estragon
1/2 Zitrone/Zitronensaft
1 Messerspitze abgeriebene Zitronenschale
Olivenöl
Pfeffer
Salz
Butter

Die Seelachsfilets pfeffern und salzen und in einer Pfanne mit Olivenöl und etwas Butter vier Minuten von beiden Seiten anbraten. Porree in feine Ringe schneiden und in einer anderen Pfanne in Öl fünf Minuten anrösten, pfeffern und salzen. Brühe, Eigelbe, Estragon, Zitronensaft und abgeriebene Zitronenschale in einen Topf geben, erhitzen und dabei solange schlagen, bis die Soße andickt. Vom Herd nehmen und 1 EL Olivenöl mit dem Schneebesen einrühren, salzen und pfeffern. Seelachs mit dem Porree umlegen und mit der Soße servieren.

Vor über hundert Jahren heizte man mit getrockneten Kuhfladen. Ja, da galt eine Kuh noch etwas! Bauer Lindemann stand öfters betend am Darmausgang der Kuh Elsa. Wenn sie verstopft war, blieb die Kate kalt. Lieber erstunken als erfroren! Auch Bäuerin Lindemann, genannt Lindemaus, konnte ohne die dampfenden Kuhfladen nicht mal eine Kartoffel warm kriegen. Groß war der Respekt vor den Ausscheidungen Elsas. Deswegen sprach Lindemann: „So etwas Schönes, liebe Lindemaus, müsstest du auch mal kochen!" Sie tat es.

Bessdoo mid Maggaroni

für 4 Personen

300 g Makkaroni
100 g Schafskäse
1 sehr großes Bund frisches Basilikum
1 Knoblauchzehe
6 EL Olivenöl
4 EL Fleischbrühe
1 EL Pinienkerne
3 TL Salz
1 Messerspitze Cayennepfeffer

Pinienkerne und Knoblauch klein hacken, Basilikum klein schneiden. Mit 1 TL Salz, dem Schafskäse, Cayennepfeffer und dem Öl im Mixer pürieren. Makkaroni mit dem restlichen Salz in kochendem Wasser etwa 15 Minuten bissfest kochen, abgießen. Die Fleischbrühe erhitzen, mit der Basilikumpaste verrühren und über die Makkaroni gießen.

Unser Stamm-gast
© DÖLLE

Freilaufende Hühner sollen angeblich sehr glücklich sein. Das stimmt nur bedingt. Denn einmal traf ein bis dahin eingesperrtes Huhn ein Freilandhuhn in einer Disco. Es war sehr eng, und das Gefängnishuhn machte ganz kleine Schritte. Das Freilandhuhn war hingegen raumgreifende Schritte gewohnt und latschte dem Gefängnishuhn ständig auf den Kratzfuß. Es gackerte empört und schimpfte: „Wenn Du nicht aufpasst, kann ich sehr sauer werden!“.

Ziddronen-Broiler

1 Broiler
1 kleine Dose Champignons
5 Knoblauchzehen
100 g Speck
1 Becher saure Sahne
Saft von 3 Zitronen
1 EL Kräuter der Provence
Salz

Den Broiler in eine Schüssel legen, mit dem Zitronensaft übergießen und ein paar Stunden im Kühlschrank lassen. Den gewürfelten Speck ausbraten. Den Broiler abtrocknen und innen mit gewürfeltem Knoblauch, Salz und den Kräutern der Provence einreiben. In dem Speckfett von beiden Seiten anbraten. Dann den Zitronensaft zugießen und zugedeckt bei schwacher Hitze 30 Minuten garen. Den Broiler herausnehmen, die Sahne und die Champignons in die Soße rühren. Dazu passt Reis.

Christopher Columbus stach endlich in See. Er hatte lange überlegt, ob er nun rechts oder links herum segeln sollte. „Erst einmal geradeaus und dann mal sehen, wie der Wind weht“, riet ihm der erste Offizier. Columbus entschied sich für links, er wollte einmal von hinten an Indien ran. „Ist genug Proviant an Bord, vor allem Eier?“ fragte er seinen Smutje, denn er bestand auf seinem täglichen Frühstücksei. Der Smutje zeigte ihm eine große Kiste frischer Hühnereier. Bei dem Anblick machte Columbus vor Freude einen großen Hopser und fiel in die Kiste. Da waren die Eier des Columbus alle Matsch. Auf der ganzen Reise gab es nur noch

Eiergüüchen, überbaggen

1 Paket fertige Eierkuchen
750 g frischer Spinat
2 Dosen geschälte Tomaten à 425 g
200 g Schafskäse
100 g geriebener Emmentaler
3 Zwiebeln
4 EL Öl
Fett für die Form
Pfeffer
Salz
Zucker

Spinat waschen und abtropfen lassen. Zwiebeln würfeln. 2 EL Öl in einem Topf erhitzen. Die Hälfte der Zwiebeln darin andünsten, Spinat und eine Prise Zucker zugeben und fünf Minuten unter Rühren dünsten. Salzen und pfeffern. Spinat abtropfen, ausdrücken und abkühlen lassen. Restliches Öl in einem Topf erhitzen und die andere Hälfte der Zwiebeln darin glasig dünsten. Tomaten zugeben, salzen, pfeffern und aufkochen. Beiseite stellen. Spinat grob schneiden und mit dem gewürfelten Schafskäse vermischen. Auf den Eierkuchen verteilen und aufrollen. Auflaufform einfetten, Tomatensoße in die Form geben, pfeffern, salzen. Eierkuchen in die Tomatensoße legen. Mit Emmentaler bestreuen und im vorgeheizten Backofen bei 180 °C etwa 30 Minuten überbacken.

Auch Kleopatra, der schönsten Frau der Antike, blieb ein schleichender Alterungsprozess nicht erspart. Da half kein Öl und keine Stutenmilch, Falten und Cellulitis machten sich breit. Ein Glück, dass sie in jungen Jahren eine Plastik von sich machen ließ, die guckte sie immer an und dachte, es ist der Spiegel. Die Wechseljahre plagten sie mit Hitzewallungen und einer leichten Inkontinenz, durch die sie gezwungen war, des öfteren das stille Örtchen des Palastes am Nil aufzusuchen. Selbst der ansonsten eher zurückhaltende Tempeldiener Ezephiel nannte sie hinter vorgehaltener Hand „Klopatra".
„Von heute an ernähre ich mich gesund", meinte sie, „auch meine Lieblingsspeise wird gestrichen!"

Gwarg-Gäulchen

1 kg Kartoffeln
500 g Quark
200 g Mehl
100 g Rosinen
80 g Zucker
2 Eier
1 TL Backpulver
1 TL Salz
abgeriebene Schale von einer Zitrone
Öl zum Braten

Kartoffeln mit Schale weich kochen. Rosinen mit kochendem Wasser übergießen und fünf Minuten quellen lassen. Die gekochten Kartoffeln schälen, durch die Kartoffelpresse drücken und mit Mehl, Eiern, Quark, Backpulver, Zucker, Salz und der abgeriebenen Zitronenschale zu einem Teig kneten. Die Rosinen abgießen und untermischen. Zwei Rollen aus dem Teig formen und in Scheiben schneiden. Mittelgroße Knödel formen und flach drücken. In heißem Öl von beiden Seiten goldgelb braten. Mit Zucker bestreuen und mit Apfelmus servieren.

Winter

Wo iss'n eigentlich der Schneeschieber?
Nimm doch einfach den Schneebesen!
DÖLLE

Frau Freud bekam es langsam mit den Nerven. Seit 30 Jahren kochte sie zur Zufriedenheit ihres verschrobenen Gatten ganze Kochbücher vor und zurück. Nun fiel ihr nichts mehr ein. Siegmund maulte: „Schon wieder Tafelspitz, den hast du am 26.9.1886, soweit meine Aufzeichnungen stimmen, schon mal gekocht!" Er analysierte nämlich fast jede Speise, bevor er sie aß. Beim Tafelspitz bemerkte er, dass das Rindvieh eine schwere Kindheit gehabt hatte und später extreme Essstörungen. „Na, wie wär's denn mit panierten Blattschneideameisen, gefüllten Regenwürmern oder gestoßener Eichenrinde an Tannenzapfenpürree?", sagte Frau Freud spitz. „Dann doch lieber Rindfleisch!", stöhnte Freud.

Gulasch mid Baggflaumen

für 4 Personen

750 g gemischter Gulasch
300 g Backpflaumen ohne Stein
3 große Zwiebeln
3/8 l Rotwein
3/8 l Fleischbrühe
20 g Mehl
6 EL Armagnac
1/2 TL Kardamom
2 Lorbeerblätter
4 Nelken
Öl
Salz
Pfeffer

Pflaumen halbieren und mit dem Armagnac beträufeln. Zwiebeln in Viertel schneiden. Fleisch mit Pfeffer und Salz würzen und in heißem Öl von allen Seiten anbraten, herausnehmen. Die Zwiebeln im Bratenfett andünsten. Fleisch, Kardamom, Lorbeer und Nelken zugeben, mit Mehl bestäuben und anschwitzen. Mit Brühe und Rotwein ablöschen. Fleisch wieder hinein legen. Zugedeckt etwa eine Stunde schmoren lassen. Pflaumen dazugeben und weitere 30 Minuten garen. Nochmals abschmecken.

Es war einmal zu tiefsten DDR-Zeiten im vitaminarmen Dezember. Tante Gerlinde aus Köln schickte ein heiß ersehntes Westpaket mit Kaffee, Strumpfhosen, Mon Chérie und herrlichen großen frischen Zwiebeln. Da diese im DDR-Winter knapp waren, aßen wir sie baldigst auf. Sie schmeckten ein wenig eigenartig, aber wir dachten, dass West-Zwiebeln anders schmecken müssen. Tante Gerlinde fragte im April nach, ob denn die Tulpenzwiebeln aufgegangen wären und schon blühen.

Galbshaggse im Zwiebelbedd

für 4 Personen

4 Scheiben Kalbshaxe
1 kg Zwiebeln
1 Bund Petersilie
1/8 l Rotwein
4 EL Öl
2 EL Thymian
1 EL Soßenbinder
Pfeffer
Salz

Zwiebeln vierteln. Fleisch pfeffern und salzen und im Öl in einem Bräter von beiden Seiten anbraten. Zwiebeln zugeben und glasig dünsten. Thymian und den Wein zugeben. Zugedeckt im Ofen bei 200 °C anderthalb Stunden garen. Fleisch und Zwiebeln herausnehmen, die Soße mit Soßenbinder binden und über Fleisch und Zwiebeln gießen. Mit gehackter Petersilie bestreuen.

Fleischermeister Rotwurst war als Lehrling – wie alle Azubis – dünn wie eine Bohnenstange. Doch das ständige Probieren seiner eigenen Erzeugnisse ließ ihn von Jahr zu Jahr mehr aus dem Leim gehen. Die Probiererei war aber nötig, um die Qualität und den Kundenstamm zu halten. Hoher Cholesterinspiegel für zufriedene Kunden – das war sein Preis. Der Winter kam, Rotwurst brauchte neue Handschuhe. Der Verkäufer besah sich des Meisters Wurstfinger: „Ich würde zu Schweinsledernen raten, denn Ihre Finger sehen aus wie ...

Sächsische Dschebab-Dschidschie

400 g Schabefleisch vom Rind
1 Zwiebel
4 Knoblauchzehen
1 Ei
3 EL Senf
2 EL Ketchup
1 TL Honig
1 TL Majoran
1 Schuss Maggi
Pfeffer
Salz

Zwiebel und Knoblauch klein schneiden, zusammen mit dem Ei und dem Majoran unter das Schabefleisch mischen. Maggi dazu, pfeffern, salzen. Von der Masse kleine Rollen formen. Senf, Honig und Ketchup verrühren und die Röllchen darin wälzen. Auf Alufolie legen und im Grill braun braten.

Ich verdiene mir mit „Essen auf Rädern" noch etwas dazu!
© DÖLLE

Kindergeburtstag. Schaggeline und ihre Freunde veranstalten das übliche Chaos. Kakao auf dem Sofa, Wunderkerzen auf dem Edelfurnier und breitgelatschte Erdbeertorte auf dem Teppich. Opa beißt in ein Stück Mohnkuchen. Der Mohn rutscht zwischen Gebiss und Zahnfleisch. Er rennt ins Bad und nimmt das Gebiss heraus. Schaggeline sieht das, schnappt dem Opa die Hackerchen weg und rennt mit ihrer Trophäe zur Oma. Die fragt erschrocken: „Mensch, Schaggeline, was haddn der Obaa gesachd?". „Biff mir foford mein Bebiff wieder!".

Saure Gardoffel-Schdüggchen

kann der Opa auch ohne Zähne abschlucken

500 g Kochfleisch vom Rind
1 kg Kartoffeln
1 große Zwiebel
1 Bund Suppengrün
1 Bund Dill
1 kleines Glas süß-saure Senfgurken
1 EL Sojasoße
Pfeffer
Salz

Das Fleisch, die geschälten und in kleine Würfel geschnittenen Kartoffeln, die gewürfelte Zwiebel und das Suppengrün in einen großen Topf geben. Die Senfgurken klein schneiden und mit der Gurkenbrühe in den Topf gießen. Sojasoße und den klein gehackten Dill dazugeben, salzen und pfeffern. Vorsicht, nachsalzen kann man immer! Mit kaltem Wasser bis zwei Zentimeter über den Kartoffeln aufgießen. Das Ganze aufkochen und zugedeckt bei kleiner Stufe eineinhalb Stunden köcheln lassen. Das Fleisch und Suppengrün herausnehmen, klein schneiden und wieder in die Suppe geben. Reicht für zwei Tage!

WAS HAST'N DU AUF DER BEMME?
ZAHNPASTA! DA BRAUCH ICH MIR NICHT DIE ZÄHNE ZU PUTZEN!
CHRISTINE

Peter Paul Rubens saß fix und alle in seinem Atelier. Er hatte gerade ein Stillleben mit Obst und Gemüse fertig gemalt. „Was male ich denn jetzt?“, fragte er seine Köchin. Denn der Rubel musste rollen, Miete und Nebenkosten bezahlen sich nicht von alleine. „Ich habe hier ein Kilo Schweinebauch, das könnse malen.“ Der Großmeister des Barock wiegte den Kopf: „Ein bisschen wenig und außerdem zu fett!“ Die Köchin: „Da mache ich eben noch ein paar Äpfel und Pflaumen rein, und Ihr neues Bild ist im Kasten!“

Gefüllter Schweinebauch

für 4 Personen

1 kg ausgelöster Schweinebauch, zum Füllen eingeschnitten
3 säuerliche Äpfel
200 g Backpflaumen
2 EL Semmelbrösel
1 TL Rosmarin
1/8 l Sahne
je eine Messerspitze Salz und Zucker
Pfeffer

Äpfel schälen, vierteln und in Scheiben schneiden, die Backpflaumen in Stücke schneiden. Beides mit den Semmelbröseln, Salz, Zucker und Rosmarin mischen. Die Masse in die Fleischtasche füllen und die Öffnung mit Küchengarn zunähen. Die Schwarte rautenförmig einschneiden. Backofen auf 200 °C vorheizen. Den Braten mit der Schwarte nach oben in die Röhre schieben und etwa eineinhalb Stunden garen. Vorher etwas Wasser in die Pfanne gießen und den Braten damit mehrmals übergießen. Den Bratenfond mit der Sahne verrühren und nochmals abschmecken.

Zu DDR-Zeiten war die Soljanka von den sowjetischen Freunden übernommen worden und trotzdem beliebt. Sie wird heute von vielen hartleibigen DDR-Bürgern schmerzlich vermisst. Denn einige Kreationen lösten so manche hartnäckige Verstopfung und wirkten wie Abflussfrei. Ist doch nicht schlecht bei den hohen Arzneimittelpreisen. Für die, die erst nach der Wende an den Herd gelassen worden sind, noch einmal das Rezept:

Soljanka

500 g Kasselerkotelett mit Knochen
2 Zwiebeln
2 Gewürzgurken
eine Handvoll Sauerkraut
1 kleines Glas eingelegter Tomatenpaprika
1 Becher saure Sahne
1 EL Tomatenmark (kein Ketchup)
1 TL Rosenpaprika
Brühe nach Bedarf
Öl
kein Salz, Kasseler ist salzig genug

Das Kasseler vom Knochen lösen und in Würfel schneiden. Mit dem Knochen und den gewürfelten Zwiebeln von allen Seiten kurz in Öl anbraten. Rosenpaprika dazu und umrühren. Die Gewürzgurken in dünne Scheibchen und den Tomatenpaprika in Streifen schneiden. Mit der Paprikabrühe aus dem Glas zum Fleisch geben. Sauerkraut klein schneiden und mit der sauren Sahne in die Brühe unterrühren. Aufkochen und eine Stunde köcheln lassen.

Immanuel Kant saß in seiner Königsberger Studierstube und dachte. Philosophen denken eigentlich immer. Sie denken und denken, bis sie kein Geld mehr haben. Dann denken sie: „Wovon bezahle ich bloß das heutige Abendessen?“ So ging es auch dem großen Denker Kant. „Denke endlich mal was Vernünftiges“, wetterte seine Frau. „Ich denke, also bin ich!“ „Denkste, aber nicht mehr lange, bald hamm wir beide Untergewicht, ich krieg langsam einen Klaps!“. Da Philosophen schlecht hören, verstand der ‘Klops’. „Für mich bitte auch einen“, sprach der hungrige Denker. Und so entstanden die

Geenichsberger Globbse

für 4 Personen

400 g gemischtes Hackfleisch
1 altbackenes Brötchen
2 Sardellenfilets
2 Zwiebeln
gehackte Petersilie
1 Ei
100 g geschlagene Sahne
100 ml Weißwein
1/4 l Brühe
1 EL Kapern
1 TL Senf
Butter
Pfeffer
Salz

Brötchen in warmem Wasser einweichen und ausdrücken. Sardellen fein hacken. Eine Zwiebel würfeln und in einer Pfanne mit Butter anschwitzen. Hackfleisch mit gebratenen Zwiebeln, Sardellen, Ei, Petersilie und dem Brötchen vermischen. Mit Salz und Pfeffer abschmecken. Mit feuchten Händen Klopse formen und diese in kochendem Salzwasser 15 Minuten ziehen lassen. Für die Soße die gewürfelte Zwiebel in einem Topf mit Butter anschwitzen, mit Wein auffüllen und fast einkochen lassen. Mit Brühe aufgießen, Senf und Kapern dazu. Mit Salz und Pfeffer abschmecken und fünf Minuten köcheln lassen. Kurz vor dem Servieren die geschlagene Sahne unterziehen. Dazu Salzkartoffeln.

HUNGER!
WART'S AB! Wir haben nur ein Gebiß!
© DÖLLE

Frau Bebbge braucht Parmesankäse. Im italienischen Spezialitätenladen ist die Auswahl groß. „Gehmse mir bidde hunderdfuffzehn Gramm." Die Verkäuferin fragt, ob sie die Rinde abschneiden soll. Frau Bebbge bittet darum, denn beim letzten Stück, was sie hatte, ging sie selbst mit dem schärfsten Messer nicht ab, dafür fast die Finger. Die Verkäuferin setzt das Messer an: „Gehnse mal zwee Meder zurügg, falls das Blud schbriddsd!" „Wie kriegen denn die Idalljeener die Rinde ab?", wollte Frau Bebbge wissen. „Na, desweechen hamm die doch so viele Kinder. Wenn eener in der Glienigg genähd wird, gann der Nächsde gleich weiter schneiden."

Rosengoohl mid Barmesangääse

für 4 Personen

750 g Rosenkohl
200 g Haselnusskerne
200 g Parmesan
80 g Semmelbrösel
70 g Butter
125 ml Gemüsebrühe
Salz

Haselnusskerne ohne Fett im Tiegel zehn Minuten rösten, dann grob zerhacken. Rosenkohl in kochendem Salzwasser zehn Minuten garen, abtropfen lassen. Eine ofenfeste Form mit 20 g Butter einreiben und mit 20 g Semmelbrösel ausstreuen. Den Rosenkohl in der Form verteilen, darüber die Hälfte des Parmesan verteilen. Die Brühe angießen. Dann die Haselnusskerne, die restliche Menge Käse und 60 g Semmelbrösel überstreuen. 50 g Butter in Flöckchen darauf verteilen. Die Form für 40 Minuten bei 200 °C in den Backofen schieben. Es soll sich eine goldbraune Kruste bilden.

Im Schrebergarten sollte es zu Mittag Schnitzel geben. Herr Bebbge will sie geklopft haben, ungeklopfte mag er nicht. Seine Gattin hatte den Fleischklopfer vergessen, da übernahm Herr Bebbge die Schnitzelklopferei. Er legte das Fleisch in eine Plastetüte und ging hinaus. Frau Bebbge hörte, wie er das Auto anließ, drei Meter fuhr und etwas vom Baum kratzte. Er hatte die Tüte mit dem Fleisch um ein Rad gebunden und war darüber gefahren. Die Tüte platzte und die zerfetzten Schnitzel landeten am Baumstamm. „Himmeldonnerweddernochmal, da gibbs eehmd heude

Schlesisches Himmelreich

für 4 Personen

400 g magerer geräucherter Schweinebauch
250 g gemischtes Trockenobst
1 l Wasser
1 EL Zucker
1 EL Zitronensaft
1 EL Speisestärke
1/2 TL Salz
1/2 Stange Zimt

Trockenobst mit 1/2 l Wasser begießen und zugedeckt zwölf Stunden quellen lassen. Das restliche Wasser mit dem Salz kochen, den Schweinebauch hineinlegen und 45 Minuten köcheln lassen. Das Obst abtropfen lassen und mit dem Zucker, der Zimtstange und dem Zitronensaft zum Schweinebauch geben. Zusammen 30 Minuten kochen lassen. Das Fleisch herausnehmen, in dicke Scheiben schneiden und warm halten. Speisestärke mit wenig kaltem Wasser anrühren und die Soße damit binden. Noch einmal kräftig süß-sauer abschmecken. Das Backobst in eine Schüssel geben, die Fleischscheiben darauf anrichten und mit der Soße übergießen. Dazu Hefeklöße.

Weil das junge Ehepaar endlich mal wieder die Nacht durchmachen wollte, wurde der kleine Marko bei Oma Gertraude abgeladen. Sie wohnte auf dem Dorf, kam also selten in die Stadt. Deswegen zerrte Marko die Omi mitten in die City, zu Mc Donalds. Sie war da noch nie, auch aus Angst, dass ihr Gebiss Maulsperre bekommt. Marko bestellte zwei Hamburger. Omi sah erschrocken auf den Pressling zwischen den Wattebrötchen und empörte sich: „Waaas, das soll ein Hamburger sein, mein Gott, wie sieht denn da erst ein Rostocker aus! Komm nach Hause, da steht ein großer Topf

Dscheggediener Gulasch

für 4 Personen

600 g Schweinegulasch
2 große Zwiebeln
1 Knoblauchzehe
1 kleine Dose Sauerkraut
200 g saure Sahne
3/8 l Fleischbrühe
3 EL Tomatenmark
2 EL Paprika edelsüß
1 EL Mehl
1/2 TL Kümmel
Öl
Salz
Pfeffer

Zwiebeln und Knoblauch würfeln. Gulasch in heißem Öl von allen Seiten anbraten und herausnehmen. Zwiebeln, Knoblauch, Tomatenmark, Paprika und Kümmel in dem Bratenfett kurz dünsten. Fleisch und Sauerkraut dazugeben und mit der Brühe ablöschen. Mit Salz und Pfeffer würzen. Zugedeckt etwa 50 Minuten schmoren lassen. Mehl und saure Sahne verrühren, in den Gulasch geben und weitere zehn Minuten schmoren lassen.

DAS BIER SCHMECKT NACH SEIFE!
WIR NEHMEN EBEN DAS REINHEITSGEBOT SEHR ERNST!
CHRISTINE

Ein Huhn namens Rita lebte glücklich und zufrieden mit mehreren Nebenfrauen des Gockels Ewald zusammen. Ewald nahm jede mal dran und achtete darauf, dass keine zu kurz kam. Auch Rita wurde turnusmäßig zu ihrer vollen Zufriedenheit bedient. Einmal im Jahr war Reihenuntersuchung. Der Veterinär stellte bei Rita eine akute Eierstockentzündung fest. Sein Rat: „Strenge Enthaltsamkeit bis zum Abklingen des Infekts!" Da wurde die liebesbedürftige Rita sehr traurig, ging in die nächste Bar und kippte einen Schnaps nach dem anderen. „Furchtbar", sagte der Barkeeper, „schon wieder so ein

Besoffenes Huhn

für 4 Personen

1 Hähnchen
3 Tomaten
1 Knoblauchzehe
1/4 l trockenen Rotwein
1/8 l Gemüsebrühe
1/2 TL Salz
1/2 TL Rosenpaprika
1/2 TL getrockneter Thymian
1 Messerspitze Cayennepfeffer
100 g Creme fraîche
Butter
Öl

Hähnchen in acht Teile zerlegen, mit Salz, Paprika und Cayennepfeffer einreiben. Butter, Öl und Knoblauch in einer großen Pfanne erhitzen und die Hähnchenteile von allen Seiten braun anbraten. Dann in einen Schmortopf legen, das Bratfett darüber gießen, die Gemüsebrühe und die Hälfte des Weins hinzufügen. 30 Minuten schmoren lassen. Tomaten häuten, vierteln, mit dem Thymian und dem restlichen Rotwein während der letzten zehn Minuten dazugeben. Am Schluss die Creme fraîche unter die Soße rühren.

Ich war achtzehn, draußen waren 20 Grad Kälte. Das erste Rendezvous. Meine Mutter rief mir hinterher: „Zieh die Stiefel an, du erfrierst dir noch die Haxen!“ Hätte ich nur auf sie gehört. Mit Minirock, kurzem Mäntelchen und dünnen Pumps stiefelte ich los. Der Typ versetzte mich. Aber eine Stunde Dauerfrost halten selbst die widerstandsfähigsten Zehen nicht aus. Sie erfroren und brennen seitdem mörderisch, jedes Jahr mehr. Sie mögen einfach keinen Winter. Ja, die Jugend vergeht, aber die knallroten Dinger bleiben!

Schmorhaggse

für 4 Personen

2 gepökelte Schweinshaxen, ca. 800 g
2 Zwiebeln
4 Knoblauchzehen
1 Stck. Ingwerwurzel
1 Stck. Sellerie
2 EL Tomatenmark
2 EL Honig
300 ml Weißwein
300 ml Brühe
100 ml dunkles Bier
2 Zweige Thymian
2 Lorbeerblätter
Butter
Salz
Pfeffer

Haxen nicht salzen und pfeffern. In heißer Butter rundum anbraten. Zwiebeln, Knoblauch und Ingwer würfeln, zum Fleisch geben und kurz mitschwitzen. Sellerie würfeln und kurz mitbraten. Tomatenmark einrühren und anrösten. Mit Weißwein ablöschen und die Brühe angießen. Thymian und Lorbeerblatt in die Soße legen. Den Backofen auf 200 °C vorheizen und das Ganze zugedeckt 70–80 Minuten schmoren lassen. Haxen herausnehmen, Honig mit Bier verrühren, Haxen damit bestreichen und kurz im Grill überbacken. Soße pürieren, mit Pfeffer und Salz abschmecken und mit den Haxen anrichten.

Auf der wunderschönen Insel Kuba ist es immer warm. Da wachsen Zuckerrohr für den Rum, Apfelsinen, die strohig sind und Bananen in Hülle und Fülle. Den Kubanern hängen sie langsam zum Halse heraus, denn jeden Tag Bananen, das hält selbst der patriotischste Kubaner nicht aus. Hier und da hörte man deshalb schon Zweifel am glücklichen Ausgang der Revolution. Um sein Volk bei Laune zu halten, schrieb Fidel Castro einen Wettbewerb aus: „Wer kennt das beste Bananenrezept? Erster Preis ein Rundflug über der Schweinebucht!“ Miguel Santez, ein Vorarbeiter der Bananenplantage „Die gelbe Köstliche“, erhielt den ersten Preis für:

Hoonich-Bananen mid Schoggolade

für 4 Personen

2 Bananen
25 g halbbittere Schokolade
1/8 l Sahne
2 EL Honig
1 EL Orangensaft
1 EL Rosinen
1 EL Rum
1 EL gehackte Walnüsse
2 TL Zitronensaft

Die Rosinen in warmen Rum einweichen. Bananen schälen und in schräge Scheiben schneiden. Zitronensaft, Orangensaft und Honig miteinander verrühren. Bananenscheiben auf Portionsteller legen und mit dem Honigsaft beträufeln. Schokolade auf einem Reibeisen reiben. Sahne steif schlagen und mit der geriebenen Schokolade mischen. Rumrosinen und Walnüsse über die Bananen streuen und auf jede Portion ein Viertel der Schokoladensahne geben.

WARUM STEHT DIE BUTTER HEUTE LINKS?
ICH HABE UNSERE ERNÄHRUNG UMGESTELLT!
CHRISTINE

In den Tiefen des Erzgebirgischen Waldes hat sich eine uralte Volksweise bis heute erhalten. An kalten Winterabenden und bei Familienfeiern wird sie mit Inbrunst gesungen:
„Wenn es draußen stürmt und wettert,
der Opa auf die Oma klettert,
die Kinder schreien in großer Not,
der Opa macht die Oma tot.
Kinder, macht euch keine Sorgen,
die Oma freut sich schon auf morgen.
Alles jubelt, alles lacht,
der Opa hat der Oma etwas beigebracht,
Schnedderreddeng!"
Und dazu isst die ganze Familie:

Erzgebirgischer Garbfen

1 Karpfen
4 Zwiebeln
1 Stange Porree
1 Möhre
1 Flasche Malzbier
1 halber Soßenkuchen
3 Lorbeerblätter
2 EL Butter
1 TL Piment
1 Prise Zucker
Pfeffer
Salz

Karpfen ausnehmen, schuppen und entgräten, in größere Stücke schneiden, pfeffern und salzen. Zwiebeln, Möhre und Porree würfeln. Butter zerlassen und das Gemüse schön braun anbraten, mit dem Malzbier aufgießen. Lorbeerblätter, Piment, Soßenkuchen und Zucker dazugeben; Soßenkuchen vorher zerbröseln. Die Karpfenstücke hineinlegen und rund 30 Minuten zugedeckt auf kleiner Stufe garen.

WIR ESSEN NUR EIER VON FREILAUFENDEN HÜHNERN!
CHRISTINE

Dölles Jahreszeiten

Stationen eines Kochwunders

Christine Dölle

Mit 6 Jahren
Erwärmung einer Bockwurst durch Sonneneinstrahlung.

Mit 8 Jahren
Der erste Möhrensalat – ungenießbar.

Mit 10 Jahren
Vorbereitung eines Kartoffelsalates durch Bringedienste (Kartoffeln aus dem Keller geholt).

Mit 12 Jahren
Hackepeter aus dem Papier gewickelt und unter Weglassen sämtlicher Gewürze im Tiegel gebraten.

Mit 14 Jahren
Rotkrautsalat mit zuviel Essig versaut. Damals gab es noch Specki-Tonnen für Schweinefutter.

Mit 16 Jahren
Leberwurstbemme mit Spiegelei – der vorläufige kulinarische Höhepunkt.

Mit 18 Jahren
Die Königsdisziplin der 60er-Jahre: „Toast Hawaii". Statt Ananas nahm man eine Apfelscheibe.

Mit 20 Jahren
Fertigung der ersten Partyspieße mit Jagdwurst, Zwiebeln und Äpfeln – der Kracher!

Bald danach Zubereitung der ersten sächsischen Gardoffel-Schdüggchen, Jahre später regelmässig Rezepte für den Leipziger „Sachsen-Sonntag", und mit der Herstellung von Dschebab-Dschidschie bekam ich endlich auch Zugang zur internationalen Küche.

Frisch & pikant...
KÄSE LEHMANN
DER PIKANTE
0,5 % Fett
100 g Edelschimmelkäse mit frischen Kräutern
...echt sächsisch ...
...schmeckt jedem im Land!
0,5% FETT
wenig Fett
viel Geschmack
mit frischen Kräutern
wertvolles Eiweiß
KÄSE LEHMANN
Käserei Lehmann GmbH • Breitenfelder Straße 39 • 04155 Leipzig
Tel.: 0341 - 5 85 00 50 • Fax: 0341 - 5 85 12 88 • Mail: kaeserei@kaese-lehmann.com